괴물 부모의 탄생

공동체를 해치는 독이 든 사랑

괴물 부모의 탄생

공동체를 해치는 독이 든 사랑

초판 1쇄 펴낸날 2023년 9월 25일
초판 3쇄 펴낸날 2023년 12월 11일

지은이 김현수
펴낸이 홍지연

편집 홍소연 이태화 차소영 서경민
디자인 권수아 박태연 박해연 정든해
마케팅 강점원 최은 신종연 김가영 김동휘
경영지원 정상희 여주현

펴낸곳 (주)우리학교
출판등록 제313-2009-26호(2009년 1월 5일)
제조국 대한민국
주소 04029 서울시 마포구 동교로12안길8
전화 02-6012-6094
팩스 02-6012-6092
홈페이지 www.woorischool.co.kr
이메일 woorischool@naver.com

ISBN 979-11-6755-227-3 03370

• 책값은 뒤표지에 적혀 있습니다.
• 잘못된 책은 구입한 곳에서 바꾸어 드립니다.

만든 사람들
편집 김선아
디자인 책은우주다

공동체를 해치는 독이 든 사랑

괴물 부모의 탄생

김현수 지음

우리학교

교육 현장에서 뜻하지 않게 만난
괴물 부모에 시달리다가,
혹은 격무로, 또 여러 부담과 아픔으로
목숨을 잃은 교사들을 기억하고 추모한다.
부디 이 짧은 글이 괴물 부모 현상에 대한
사회적 이해를 제고하고 학교의 변화에
조금이나마 기여했으면 하는 바람이다.

세계를 부수는 욕망,
세계를 돌보는 욕망

'괴물 부모' 혹은 영어 표현 그대로 '몬스터 페어런츠monster parents'라고 불린 사회 현상은 일본에서 가장 먼저 시작되었다. 일본에서 2000년대 초·중반부터 이 현상이 회자했는데 최근 우리 사회의 비극과 동일하게, 교사의 자살로 큰 사회적 논란이 일었다. 이후 일본에서는 괴물 부모와 관련된 다큐멘터리, 드라마, TV 프로그램이 만들어지면서 이것이 심각한 사회 문제라는 인식이 확산했다.

일본의 괴물 부모 사례를 보면 '어떻게 부모가 저렇게까지 할 수 있지?' 싶은 사례가 한두 가지가 아니다. 예를 들면 교사를 신뢰하지 못한 부모가 학부모 참관 수업에서 수업을 방해한 사례가 있다. 부모가 수업 시간에 자녀에게 계속 말을 걸면서 자녀를 돕기에 교사가 부모에게 조용히 해 달라고 요청하자, 그 부모가 학교에 민원을 냈고 그 민원에 따라 교사는 큰 고초를 겪었다.[1]

비슷한 사례는 더 있다. 자녀가 수학여행을 다녀온 후 학급에서 찍은 사진에 관해 불만을 호소하자, 부모가 학교에 찾아와 민원을 내고는 자녀의 불만을 덜어 주기 위해 수학여행을 한 번 더 다녀오라고 요구했다. 이런 상황에서도 교장은 네, 네 하며 학부모를 대했고, 담임 교사를 불러다 학부모에게 사과하게 했다.

홍콩에서도 그와 유사한 현상이 나타났다. 일본은 주로 초등학교에서 괴물 부모 현상이 이슈가 되었다면 홍콩은 이 현상이 유치원에서 시작되었다고 한다. 자녀의 유치원이나 초등학교 입학을 두고 부모들 사이에 과열 양상이 나타나는 것이 주된 모습이었다.

2010년대에 괴물 부모 현상을 심각하게 겪은 홍콩에서는 자녀의 초등학교 입학 시기를 고려해 출산일을 연초로 조정한다든지, 자녀를 좋은 사립 학교에 입학시키려고 개종하는 등의 노력을 하는 부모들이 나타났다.[2] 유치원과 초등학교 입학을 임신 계획 때부터 준비하며 자녀를 과잉보호하는 분위기가 그즈음 홍콩의 육아 현실이었다.

그렇게 키운 자녀가 유치원, 초등학교에 들어가면 부모는 모두가 자기 자녀를 왕자나 공주처럼 떠받들어 주기를 원했다. 그렇게 해 주지 않으면 부모가 유치원이나 학교 교무실에 난입해서 행패를 부리는 일이 다반사로 일어났다.

2010년대 중반부터 우리나라에서도 비슷한 상황이 본격적으로 나타나기 시작한 것으로 보인다. '수학 태교'부터 시작해서 '초등 의대 진학반'이 탄생하는 등 교육 집착 현상의 과열화, 저연령화가 두드러졌다. 그 결과 전국의 여러 학교에서는 담임 교체 민원, 자녀 돌봄에 관한 민원 및 학교 폭력과 아동 학대와 관련된 온갖 민원으로 혼란이 가중되어 갔다. 이미 교사들이 경험하고 있는, 괴물 부모 현상과 유사한 민원과 요청은 학교 현장에 헤아릴 수 없을 만큼 수북이 쌓여 있을 것이다.

학교 폭력 관련 법이나 아동 학대 관련 법을 개정하는 일등은 이런 학교 현장에 도움을 주기보다 고통을 가중시켰다. 이는 지금 일어나는 폭발적인 교사 저항의 도화선 중 하나가 되었다.

일본, 홍콩에 이어 우리나라에 이르기까지 주로 아시아 지역에서 많은 부모가 학교라는 집단 공간 혹은 아이들이 연계된 집단 관계에서 이해할 수 없는 행동을 하는 이유는 무엇일까?

이 길지 않은 책에서는 괴물 부모의 탄생과 그 배경을 둘러싼 외국 사례들을 살펴보고 부모와 자녀의 관계뿐 아니라 부모와 교사, 교사와 학생, 부모와 부모, 학생과 학생 사이의 관계를 파괴하는 괴물 부모 현상을 간략히 분석했다. 그런 뒤에는 이런 부모의 왜곡된 사랑에 관해 정신 의학적, 정신 분석적 평론을 하는 이론가들의 이야기를 살펴보았다. 이와 함께 괴물 부모 현상과 유관한 사회 심리적·관계적 배경도 탐색해 보고자 했다.

지금 우리에게는 괴물 부모 현상에 대한 사회적 대책도 필요하고, 또 그 집단의 심리 구조에 관한 이해와 해법도 필요하다. 평범한 시민인 부모들이 자기 자녀의 문제 앞에서 괴물이 되어 가는 이유는, 필시 그 시민 개인의 탓이 전부가 아닐 것이다.

괴물 부모에 관해 일본과 홍콩에서는 '교사 공격대' 같은 표현도 제기되었는데, 이런 부모들이 학교에 와서 자기 자녀를 놓고 벌이는 이상 행동이 교육 현장을 잔혹하게 파괴했기 때문이다. 일본에서도 여러 교사가 자살했고, 우리나라에서도 여러 교사가 자살했다. 끔찍한 불행이다. 모로토미 요시히코諸富祥彦라는 일본 메이지대학교 심리학과 교수는 교육 현장을 파멸로 이끄는 소수 학부모의 횡포가 교사를 사회적 죽음으로 내몬다고 주장했다. 그는 이런 부모에 대해 '교사 사냥꾼'이라는 표현을 쓰기도 했다.[3]

그렇다면 이런 괴물 부모의 자녀들은 잘 성장했을까? 자살, 부모 살해, 마약 중독에 이르는 등 결코 온전한 성장을 하지 못한다고 알려져 있다.[4]

이들 부모는 어쩌다 '괴물'이 되었을까? '괴물화'는 어떻게 진행되었고, 현재 어떤 '괴물'이 되어 있는가? 우리는 이를 '해부'하는 일을 더 이상 피할 수 없다.

자녀 문제를 두고 우리는 거울 앞에 서야 한다. 나의 욕망이 세계를 부수는 욕망인지, 세계를 돌보는 욕망인지를 점검하고 내 자녀에 대한 기대와 바람으로 인해 타인을 파괴하고 공동체를 해치고 있는 것은 아닌지 물어야 한다.

필리프 메리외Philippe Meirieu라는 프랑스의 교육 철학자는 "민주주의는 내가 원하는 것을 바라는 것으로 이루어지지 않고, 내가 원하는 것을 타인들은 어떻게 생각하는가를 이해하는 것부터 시작한다."라고 말했다.[5] 그래서 민주주의는 무한정의 자유가 아니라 제한이 있는 자유, 타인의 욕망과 공존할 수 있는 만큼의 자유만 허락한다고, 그래서 성숙한 시민은 내가 원하는 것을 항상 가질 수 없다는 것을 충분히 이해한다고 했다.

이 말을 곱씹어 볼 때다.

2023년 늦여름에

김현수

| 차례 |

1부

괴물 부모의 현상학

■ ■ ■

1부에는 일본과 홍콩에서 나타난 현상과 논평을 정리하고 이에 대한 분석을 담았다. 먼저 괴물 부모의 탄생 배경과 그 사회적 기원에서 출발해 그들의 특성과 주장, 그리고 괴물 부모 자녀들의 특성을 살펴본다. 그 뒤 괴물 부모 현상에 관해 일본, 홍콩에서 제시된 심리 분석을 검토하고 나의 이야기를 더 추가했다. 일본, 홍콩 두 곳의 괴물 부모 현상과 우리나라 사례 사이에는 일부 큰 차이가 있지만 상당한 유사성이 발견된다.

1부. 괴물 부모의 현상학

1

괴물 부모의 탄생과 기원

앞서 말했듯 괴물 부모라는 용어와 현상은 일본에서 시작되었다. 이 용어를 가장 먼저 사용한 사람은 교육자인 무코야마 요이치向山洋一라고 한다. 무코야마는 2007년에 『교실 투 웨이教室ツーウェイ』라는 잡지에서 이 단어를 사용했다.[6]

괴물 부모라는 용어가 널리 알려지게 된 계기는 2006년 6월 신주쿠의 한 구립 초등학교에서 23세 신입 교사가 학부모에게 시달리다가 자살한 사건이다. 이 사건이 발단이 되어 일본 사회에서는 교사가 학부모에게 괴롭힘을 당하는 사례가 널리 알려졌고, 신입 교사뿐 아니라 경력 많은 교사도 학교에서 버티기 어려워하는 상황이 보도되기 시작했다.

괴물 부모라는 용어가 결정적으로 일본 사람들에게 각인된 것은 2007년 NHK에서 방송한 〈클로즈업 현대〉라는 프로그램과, 2008년 7월부터 9월까지 방영된 〈몬스터 페어런트〉라는 드라마를 통해서였다. 〈몬스터 페어런트〉는 11회짜리 드라마였는데, 불합리한 요구를 하며 악성 민원을 내는 학부모에 대항해 교사와 변호사가 함께 문제를 해결해 가는 내용을 담고 있다. 학부모들의 무리한 요구로 학급 및 학교 분위기가 파괴되고, 교사가 힘들어하고 절망하는 과정이 비교적 잘 묘사되었다는 평을 받았다. 평균 시청률이 12% 정도였는데 이 드라마에 관한 후기와 댓글에는 부모가 바뀌어야 한다는 내용이 많았다.

이를 종합하면 괴물 부모는 주로 자녀에게 매우 권위적이면서 동시에 자녀를 과잉보호하는 부모를 일컫는다. 이들은 또한 자녀가 다니는 유치원이나 학교에 불평불만을 쏟아 내며 비합리적인 요청을 해서 운영에 지장을 주고 사기를 떨어뜨리고 교사 소진을 불러온다.

2011년 홍콩에서도 일본과 유사한 괴물 부모 현상이 사회적으로 확산하고 있다는 보도가 나왔고, 일본 다음으로 홍콩에서 많은 사례와 분석이 소개되었다. 일본은 주로 초등학교에서의 교사 괴롭힘 및 학교 파행 운영 사례가 많고, 홍콩은 유치원에서의 '왕자병' '공주병' 사례가 더 많다고 알려졌다.

2

괴물 부모들이 주장하는 것

일본과 홍콩의 연구와 언론 보도 사례를 보면 괴물 부모들의 민원과 요청 사항은 주로 다음과 같다.[7]

'내 아이'로 시작하는 특별한 요청 사항들

"내 아이에게 특별히 잘해 주세요."
"내 자녀를 앞에 앉혀 주시고, 앞줄에 세워 주세요."
"내 아이가 발표를 맡아서 하게 배치해 주세요."

"내 아이는 허약하니까 달리기에서 빼 주세요."

"내 아이를 학교 청소에서 빼 주시고, 차라리 학교에서 청소부를 고용하십시오!"

"내 아이를 왜 혼자 있게 합니까? 친구들과 같이 있도록 늘 친구를 붙여 주세요."

"내 딸이 들판에 가는 바람에 햇볕에 타서 왔습니다. 우리 아이 피부를 원상 복구해 놓으세요."

"내 아들은 아이돌이 되고 싶어 하니 창가 좌석에 앉히지 마십시오!"

"우리 아이에게, 먹기 전에 '감사히 먹겠습니다'와 같은 말을 다 같이 하게 시키지 마세요."

"내 아이가 벌레에 물렸다는 것이 믿기지 않습니다! 다시는 곤충이 아이에게 가까이 오지 못하게 하세요!"

"내 아이에게 눈에 띄는 악기를 주세요. 왜 다른 아이에게만 그런 악기를 주나요!"

"내 아이는 젓가락을 제대로 사용할 줄 모르니 밥을 천천히 먹게 내버려 두세요."

"우리 아이 사진이 왜 이렇게 없나요? 사진도 골고루 찍지 못하나요? 한 번밖에 없는 수학여행에서 이렇게 사진이 없어서 어떡합니까? 수학여행을 다시 다녀오세요. 그리고 사진도 잘 못 찍는 담임 선생님을 교체해 주세요!"

"반 아이들과 내 아이가 원만한 것 같지 않으니 지금이라도 반을 바꾸어 주세요."

"반 친구 중에 우리 아이와 맞지 않는 아이가 있어서 아이가 학교 가기 싫어하니 그 아이를 다른 학교로 전학시켜 주세요."

"내 아이를 반 활동의 대표로 뽑아 주세요."

'학교는' '교사들은'으로 시작하는, 학교와 교사를 비난하는 사항들

"학교 급식은 정말 아이들에게 맛없는 음식이에요."

"학교 청소는 도대체 누가 하나요? 교실이 너무 지저분해서 아이들이 있을 수 없는 상태예요."

"학교에서 다쳤으니 치료를 모두 학교가 해결해 주어야

합니다.”

“학교에서는 도대체 무엇을 가르치나요? 아이가 욕을 배워 왔어요, 학교에서.”

“선생님들은 눈이 없나요? 우리 아이가 힘들어하는 것 안 보이셨나요?”

“선생님은 왜 아이들을 불공평하게 대하시나요? 아이에게 들었어요, 내 아이에게만 더 심하게 하셨다고. 정서적 학대라고 생각하지 않나요?”

“왜 학교 입학식에서 벚꽃이 피지 않았습니까?”

이와 같은 민원과 요청 사항을 요약해 보면 대부분 자기 아이를 특별하게 대우해 달라는 내용이거나, 학교와 교사들에 대한 근거 없는 비난이다. 가뜩이나 민원을 능숙하게 처리하는 데 대비되지 않은 신규 선생님들은 이런 학부모의 요구에 큰 충격을 받는다. 학부모들과의 만남 자체가 두렵다는 선생님도 있다.

괴물 부모들의 비합리적인 요청에 효과적으로 대처하기란 쉽지 않다. 이들은 자신이 옳다는 확신이 강해 자기주장을 반복하는 데다 이미 의심과 경계심, 그리고 교사와 학교에 상처를 주겠다는 확고한 마음으로 움직이기 때문이다.

이런 괴물 부모는 대하는 것 자체가 아주 어렵고 까다로워 도쿄 교육청에서는 특별히 이런 유형의 부모에 대처하는 법을 담은 매뉴얼을 만들어 교사들에게 보급하고 연수를 하기도 했다.[8]

3

괴물 부모의 특징

괴물 부모가 자녀에 개입할 때의 특성

현상적으로 괴물 부모는 주로 학교를 포함한 자녀의 사회적 관계 속에서 부당하고 자기중심적인 주장을 하는 것으로 나타난다. 어떻게 그렇게 자기 자녀 중심으로 생각이 기울어지는지 이해할 수 없을 정도로 지나친 경우가 많다. 괴물 부모들의 특성에 관한 일본 정신과 의사 가타다 다마미片田珠美의 의견[9]에 저널리스트들의 의견 몇 가지를 추가하여, 괴물 부모들의 사고방식에 나타난 특성을 일곱 가지로 정리해 보면 다음과 같다.

❶ 내 아이는 항상 옳다. 그래서 내 아이 말을 믿는다.

❷ 소중한 내 아이를 다른 사람들이 혼내거나 함부로 할 수 없다.

❸ 학교에서 내 아이는 1등 혹은 잘하는 아이여야 한다.

❹ 교사는 내 아이를 잘 돌봐야 한다.

❺ 내 아이가 잘못했다면 그건 학교나 교사, 혹은 다른 아이들이 무언가를 잘못했기 때문이다.

❻ 교사는 전적으로 책임져야 한다. 아니면 교장이 전적으로 책임져야 한다.

❼ 학교라는 조직은 권력이나 돈을 사용해야만 정의를 되찾을 수 있다.

로미오 비텔리Romeo Vitelli라는 캐나다 심리학자도 『사이콜로지 투데이Psychology Today』에 아시아에서 부상하고 있는 괴물 부모 현상을 분석해 기고한 바 있다. 이 글에서 비텔리는 괴물 부모의 특성을 다음의 다섯 가지로 정리했다.[10]

❶ 자녀의 삶을 과도하게 통제하기

❷ 자녀에게 무리한 일정 요구하기

❸ 경쟁에서 승리 추구하기

❹ 자기 가족과 자녀를 위한 이기주의 및 사회와 타인에 대한 피해 의식

❺ 빈곤에 대한 차별, 무시

비텔리가 분석한 바에 따르면, 괴물 부모는 다음과 같은 사람들로 특징지을 수 있다. 먼저 괴물 부모들은 자녀의 삶을 과도하게 통제하려고 한다. 자녀의 나이에 관계없이 모든 것에 지나치게 관여하면서 자녀에게 자율성을 허락하지 않는다. 그 결과 자녀들은 스스로 책임감이나 성취감을 경험하지 못한다.

괴물 부모는 자녀가 타인과 함께 어울리는 것을 좋아하지 않는다. 그래서 빡빡한 일정에 따라 움직이게 한다. 부모가 정한 공간에서 부모가 정한 일, 활동만 하게 하고 그 외의 공간에서 부모가 정하지 않은 사람들과는 어울리지 못하게 한다. 자녀 입장에서는 부모가 정해 준 것을 하기에도

벅차다. 또 부모에 의해 생활이 통제되고 경계가 정해진 채 지내다 보니 자녀들은 자신의 욕구가 거의 박탈된 채 지낸다. 자녀들은 자신의 감정을 잘 모르고, 나중에는 자신의 욕구도 모르겠다고 이야기하기도 한다. 그래서 부모에 반항하는 사춘기가 오면 큰 위기를 겪는다.

괴물 부모는 자녀의 성취에서 경쟁적이며 결과만 강조하고 패배를 허용하지 않는다. 특히 학업 결과 혹은 경쟁의 결과를 중시하는데 결과는 반드시 좋아야 한다. 나쁜 결과를 결코 받아들이지 않으며 만일 나쁜 결과가 나왔다면 그것은 학교의 질, 교사의 질 때문이라거나 다른 학생 때문이라고 치부한다. 또한 자기 자녀가 승리하려면 학교, 교사, 다른 아이들이 변해야 한다고 주장한다. 심한 경우에는 자기 자녀보다 더 잘하는 아이를 전학시키거나, 꼬투리를 잡아 퇴학을 요구한다.

이런 부모의 행동을 보고 자라는 자녀들은 반사회적으로 변하기도 한다. 그리고 부모에 대해 큰 부담감을 느끼는 동시에 수단을 가리지 않고 경쟁에서 이기려는 습관이 몸에 배기도 한다. 이 부담, 미움, 증오 때문에 부모 살해 같은 비극적 사건을 일으키기도 한다. 명문대 졸업생이 저지른 부모 살해 사건을 살펴보면 그 배경에 괴물 부모와 같은 양육 분위기가 있는 경우가 적지 않다.

괴물 부모들은 외부, 즉 가족 이외의 사람들이 있는 자리에서는 무조건 자녀 편을 든다. 자녀가 잘못된 행동을 하면 교사, 학교, 친구들의 문제 혹은 다른 아이 부모의 문제 때문이라고 한다. 자녀 잘못으로 발생한 일에도 주변의 사과나 처벌을 강력히 요구한다. 집 밖에서는 자녀의 잘못이나 문제를 절대 인정하지 않고, 처벌을 용인하지 않는 것이다. 하지만 집에 들어오면 자녀를 호되게 꾸짖고 처벌한다.

또한 괴물 부모들은 빈곤과 무능을 조롱하고 멸시한다. 자녀에게 빈곤해지는 것을 게으른 것, 무능력한 것으로 이야기하며, 그런 가난한 사람들과 어울리지 말라고 한다. 그러다 보니 아이들은 우월 의식을 갖게 되며 사회 통념상 도덕적인 태도, 공감 어린 태도라고 하는 것을 배우지 못한다. 일부 자녀들은 자신을 부모와 동일시하여 스스로 특권층으로 여기고 그렇게 대접받기를 바란다.

괴물 부모들의 양육 태도에 나타난 특성

과잉 개입을 서슴지 않는 괴물 부모들은 여러 문헌에 소개된 바와 같이 기본적으로 자녀에게 권위적이면서 독재적이다. 이들은 자녀의 자율성을 인정하지 않는다. 그리고 자녀에게 높은 기대를 하고 부담을 떠안긴다. 흔히 말하듯 자녀를 자기 소유물로 여기고 자녀의 실패를 용인하지 않는다. 그 높은 기대를 이루기 위하여 수단과 방법을 가리지 않는 경우가 허다하다.

이들이 쓰는 훈육 방법은 통제와 강요, 억압이다. 괴물 부모의 자녀는 부모의 기대에 부응하기 위해 허덕이며, 심지어 부모의 직업을 물려받으라는 강요를 받으며 성장하는 경우가 많다.

괴물 부모들은 타인들에게는 자기 자녀를 신처럼, 왕자나 공주처럼 대접하도록 요구하면서 정작 자신은 자녀를 거침없이 막 대한다. 이 이중성이 자녀들을 분열시킨다. 괴물 부모가 키운 자녀들은 청소년기에 이르면 큰 혼란에 빠진다. 부모의 양면성을 수용하는 데 어려움이 생기기 때문이다. 저항할 것인가 아니면 동일시할 것인가? 이런 질문 속에서 자녀들은 큰 딜레마에 빠지게 된다.

괴물 부모가 학교와 교사를 대하는 태도에 나타난 특성

괴물 부모는 유치원이나 학교에서 자기 자녀의 존재감, 지위를 확보하는 것으로 자신의 존재감, 지위도 확보된다고 생각한다. 그래서 자녀를 유치원이나 학교에 보내기 시작하면 전쟁이 시작된다. 이 전쟁 과정에서 유치원과 학교의 관리자나 교사 들이 자기 자녀를 자신이 요구하는 대로 대하지 않으면 불이익을 당했다고 생각해 이들을 저항의 대상, 반드시 제거해야 할 대상으로 여긴다. 자신들에게 상처를 줄 것이라고 큰 피해 의식을 가지기도 한다.

다음은 여러 문헌에 소개된, 교사를 대하는 괴물 부모의 태도들이다. 학교와 교사가 자신이 원하는 대로 자녀를 대접하지 않으면 괴물 부모의 사고방식이나 행동은 다음과 같이 변하기 시작한다.

❶ 교사가 자녀를 대하는 방식에서 지속적으로 결점을 찾는다.

❷ 교사가 자기 자녀를 공평하게 대하지 않는다고 불평한다.

❸ 교사에게 자기 자녀에 대한 특별 대우를 요청한다. 교사가 이를 거절하면 교육적이지 않다며 비난하고 민원을 내겠다며 협박한다.

❹ 자신에게 불손하거나 자기애적 상처를 주면 반드시 담임 교체를 요구하거나 민원으로 타격을 준다.

❺ 학부모들 사이에 헛소문을 내고, 학교 관리자들에게 부당한 민원을 제기하며, 교사에게 굴욕감이나 모멸감을 안기는 요청을 학교에 요구한다.

괴물 부모는 자녀에 대한 요청을 수용하지 않을 경우, 학교와 교사에 대해 불평하는 것을 넘어 교사를 사냥하는 사람처럼 바뀌기도 한다. 일본의 많은 문헌에서는 이런 부모에 대해 '교사 사냥꾼'이라는 용어를 썼다.

우리나라에서도 일련의 부모 그룹이 특정 교사에 대해 연판장을 돌리거나, 여러 형태의 민원과 압력을 통해 교사에게 타격을 입힌 사례가 보고되었다. 이런 그룹들은 흔히 담임 교체나 담당 활동의 교사 교체를 요청한다. 학교와 교사에 특별히 공격적이면서 불평불만이 많고, 자기 그룹을 지지하지 않으면 비판적인 태도를 보이는 이기적인 그룹이다. 어느 사회나 이런 부모 그룹이 힘을 발휘한 시기가 있었다.

인터넷 및 소셜 미디어에 소개된 우리나라 '진상 부모' 체크리스트

작성자는 정확히 알 수 없으나 인터넷 커뮤니티에 다음과 같은 '진상 부모 체크리스트'와 '진상 부모 단골 멘트'가 올라왔고 이를 『중앙일보』에서 게재한 바 있다.[11] 두 리스트를 살펴보면 우리나라 '진상 부모'들의 행동이 일본, 홍콩에 있는 괴물 부모들의 행동과 많이 유사하다는 것을 알 수 있다.

내가 진상 부모인지 알아보는 **진상 부모 체크리스트**

❶ 개인 연락처를 안 알려 주는 선생님은 애정이 없다.
❷ 정말 급할 때는 늦은 시각에 연락할 수도 있다.
❸ 젊고 예쁜 선생님이 좋다.
❹ 애 안 낳고 안 키워 본 사람은 부모 심정을 모른다.
❺ 나이 많은 선생님은 엄해서 애들이 싫어한다.
❻ 젊은 여교사는 애들이 만만하게 봐서 휘어잡지 못한다.
❼ 우리 애는 예민하지만 친절하게 말하면 다 알아듣는다.
❽ 우리 애는 순해서 다른 애들한테 치일까 봐 걱정이다.

❾ 우리 애는 고집이 세서 이해할 때까지 기다려 줘야 한다.

❿ 때린 건 잘못이지만 맞는 것보다는 낫다.

⓫ 우리 애가 잘못했지만 이유가 있을 수 있다.

'진상 부모' 단골 멘트

❶ 애 아빠가 화나서 뛰어온다는 걸 말렸어요.

❷ 집에서는 전혀 안 그러는데…….

❸ 작년엔 괜찮았는데…….

❹ 선생님이 착하셔서 안 무서워서 그런가 봐요.

❺ 우리 애도 잘못은 했지만 그 애도 잘못이 있지 않나요?

❻ 다른 애들도 그랬는데 왜 우리 애한테만 그러세요?

❼ 우리 애는 일대일로 친절하게 말하면 알아들어요.

❽ 우리 애가 순해서 친구들 영향을 많이 받아요.

❾ 늦은 밤에 연락드려서 죄송하지만…….

❿ 오늘 제가 늦잠 자서 준비물을 못 챙겨 줬는데 혼내지 말아 주세요.

우리나라 현직 교사들이 수집한 학부모 민원 사례

현재 우리나라 '진상 부모'의 현실은 어떠할까? 우리나라도 일본, 홍콩의 상황에 버금간다는 것을 보여 주는 자료들이 있다. 그중 하나는 전국 17개 시도 교육청 자료에 나타난, 2021년부터 3년 동안의 학기 중 담임 교사 교체 기록이다. 무려 129건이나 된다. 학교 폭력 사건을 처리하던 담임 교사에 대해 학부모가 "(교사가) 내 아이만 미워해 이렇게 됐다. 아동 학대다."라며 민원을 제기해 교사가 교체되는 등의 일이 발생했는데, 이 중 초등 교사가 102명이었다.[12]

또 다른 자료는 「학교 교권 침해 교실 붕괴 민원 사례 모음집」이라는 전자 문서이다. 2023년 7월 21일부터 7월 23일까지 단 사흘 동안 현직 교사 2000여 명으로부터 쏟아진 2077건의 학부모 민원 사례를 묶었다.[13] 이 문서는 PDF 파일과 노션(협업 기록 소프트웨어) 링크로 공유되고 있으며, 문서의 편집자는 익명의 교사들이다. 이들은 '민원 스쿨(@minwon_school)'이라는 인스타그램 계정에 이를 업로드하고 이후 추가 제보를 받고 있다. 법적 이슈를 피하기 위해 지역, 연도, 구체적 상황은 기입하지 않았다고 한다.

이 문서에 나타난 학부모 민원 사례 일부를 여기에 소개한다.

❶ 생활 관리에 대한 무리한 요구

- 부모가 일찍 출근했는데 아이가 자고 있는 것 같다며. "선생님께서 출근길에 저희 집에 들러서 초인종 눌러 아이 좀 깨워 주세요."
- 아이가 다쳐서 병결로 학교에 등교하지 못하자. "담임 선생님이 집에 와서 보충 지도를 해 주세요."
- 급식에 관해 이야기하며. "왜 귤을 까 주지 않으셨나요?" "우리 애는 매운 거 못 먹으니까 고춧가루 안 넣은 국을 따로 주세요." "우리 애는 잡곡밥을 안 먹으니 흰밥을 따로 챙겨 주세요." "우리 애는 두부 부침을 잘 먹지 않으니 조림으로 메뉴를 바꿔 주세요."
- 저녁 늦게 휴대전화로 연락해서. "선생님, 하루에 칭찬 한 번씩 꼭 해 주세요. 오늘 칭찬 못 들었다고 하던데요?"
- 학교는 2시 10분에 끝나는데 학교로 전화해서. "선생님, 우리 애 학원 차 2시에 와요. 학원 차를 놓치면 어떻게 할 거예요?"
- 아이가 이를 교정해서 씹지 못한다며. "급식 반찬을 잘게

잘라 주세요."

- 하교 시간에 연락해서. "제가 일이 생겨서요, 아이를 학원까지 데려다주세요. 학교랑 가까운 학원인데 그것도 못 해주나요?"
- 하교 후 저녁 시간에 놀이터에서 싸움이 나자. "아이들이 싸우는데 선생님께서 이 상황을 왜 모르시죠? 중재해 주셔야죠."
- 수업 중에 전화하여. "아침에 아이의 변 상태가 안 좋아 기분이 별로니 잘 맞춰 주세요. 안 그러면 폭발할 거예요."

❷ 시험 및 진도, 학력 지도에 대한 월권과 개입

- 자기 자녀가 매번 시험을 못 봐서 속상해한다며 자신이 만든 시험지를 내밀고는. "시험에 이 문제를 내서 아이 기를 살려 주세요."
- 단원 평가를 보자. "단원 평가를 보면 우리 애 기가 죽으니 단원 평가를 없애 주세요."
- 시험이 어려웠다며. "이런 문제를 출제해도 되나요? 우리 아이가 집에 오자마자 기가 죽어 있어요. 교장실로 전화하고 교육청에 민원 넣을 거예요."
- 받아쓰기에서 틀린 것을 표시했더니 교장실로 찾아가서. "아이 마음 다치니 빗금 치지 마세요."

- 『수학 익힘책』을 진도에 맞게 풀라고 지도하자. "교사 자격이 없네요. 아이가 선생님 때문에 트라우마에 걸렸어요. 정서 학대 아닌가요?"

❸ 교사 평가에 기반한 압력 행위

- 문제 행동을 하는 학생이 있어 가정에 여러 차례 지도를 부탁하자 학부모가 학교에 찾아와서. "선생님, 엄마들끼리 교원 평가 최하점 주기로 했어요."

❹ 특권 부여 압박

- 새 학기 첫날, 자녀는 결석하고 부모가 학교로 전화해서. "우리 아이 자리 픽스해 놓으셨나요? 앞쪽으로요."
- 아이가 외부에서 상을 받았는데. "학교에서 시상해 주세요."
- 전교 임원 선거에서 자녀가 기호 1번을 배정받지 못하자. "왜 기호 1번이 아닌가요? 1번으로 해서 벌써 스튜디오에서 촬영을 해 놓았으니 1번으로 바꿔 주세요."
- 운동회를 앞두고. "우리 아이가 달리기에서 1등을 할 수 있도록 조를 바꿔 주세요."

❺ 과도한 책임 전가와 부당한 요구

- 아이가 종이에 손가락을 살짝 베였는데. "우리 아이가 다쳤는데 그때 왜 바로 연락을 하지 않았나요? 교사 자격이 없네요."
- 친구 생일 파티에 아이가 초대받지 못하자. "왜 우리 아이가 초대받지 못했나요? 교우 관계 지도를 확실히 해 주세요."
- 교사는 모르는 SNS 계정을 학생들이 개설해 친구를 헐뜯자. "선생님이 미리 그런 걸 생각해서 대처하셨어야 하는 것 아닌가요?"

❻ 학교 폭력 및 학생 간 갈등에 대한 지나친 개입

- 자녀가 다툼의 원인을 제공했는데도. "우리 아이가 사회생활을 한 유치원 때부터 지금까지 사과할 일은 단 한 번도 한 적이 없습니다. 왜 우리 아이가 사과해야 하나요?"
- 사이버 따돌림 문제가 생겨 아이들을 지도하자. "우리 애가 사과를 했지만 잘못이 없다니까요?"
- 아이가 다른 친구들을 괴롭힌다고 알리자. "사랑으로만 타일러 주세요. 타이를 때 사랑한다는 말을 꼭 하고 타일러 주세요."
- 아이가 욕을 해서 지도하자. "우리 애가 왜 욕을 했는지 생각해 보셨어요?"

- 자녀가 학교 폭력 가해자로 지목되자 아동 학대 관련 법 조항을 문자로 보내며. "이거 아시죠, 선생님? 도대체 뭘 하셨죠?"
- 아이가 학교 폭력 가해자로 신고되자. "저도 다른 아버지들처럼 학교 찾아가서 개판 쳐 볼까요? 그래야 제 말을 들으시겠어요?"
- 아이 여럿이 한 친구를 괴롭혀 서로 사과하고 마무리 지었으나. "선생님, 우리 아이를 때리셨나요? 가만있지 않을 거예요!"라고 하며 주말에 학부모들이 모여 말을 맞추고 사과를 취소하고는 담임 교사의 폭언과 폭행에 정신적 충격을 받았다며 교사를 아동 학대 혐의로 신고했다.

❼ 교사 개인에 대한 과도한 개입

- 반지 낀 것을 지적하며. "아이가 선생님 보고 반지 끼고 싶어 하고 귀걸이 하고 싶어 하니 액세서리 하지 말아 주세요. 아이폰도 쓰지 말아 주세요. 아이가 갖고 싶어 합니다."

❽ 교사의 학생 지도에 대한 과도한 개입과 요구

- 문제 행동을 지도하자. "우리 애도 잘못하긴 했는데 선생님도 우리 애 혼냈으니 똑같이 우리 애한테 사과해 주세요."
- 아이들이 수업 시간에 떠들어 지도하자. "왜 아이들의 말할

권리를 침해하나요? 아동 학대이니 신고하겠습니다."

- 새벽에 문자로. "알림장이 짧아요. 성의가 없습니다. 학교 활동 좀 보고 싶으니 사진 찍어서 보내 주세요."
- 아이에게 해야 할 말을 지정해 주며. "우리 아이 덕분에 우리 반이 다시 잘 놀 수 있게 됐다고 말하며 반 아이들이 다 같이 '○○야, 고마워' 하고 말하게 해 주세요."
- 체육 시간에 학교 울타리 밖에서 수업을 지켜보다 아이가 더워서 패딩을 벗자. "왜 한겨울에 아이들을 벗기나요? 선생님이 억지로 벗긴 게 아니면 이 추운 날 애가 왜 패딩을 벗나요?"
- 교실 밖에서 수업을 지켜보고는. "선생님 지도 방법은 틀렸어요. 제가 전공자인데 그렇게 지도하시면 안 되죠. 당장 그만두세요."

여기에 소개한 학부모들의 발언은 학교 현장에서 볼 수 있는 일상적인 사례이다. 그 외에 교사를 지속적인 불안과 두려움, 치료를 요하는 공황 상태와 우울증으로 몰아가는 폭언, 폭행, 수업 중 교실 난입, 새벽과 한밤중을 가리지 않는 '문자 폭탄', 자기 처지나 배우자의 태도나 시댁 상황을 하소연하며 교사를 감정적 배출구로 삼는 행동, '맘 카페'와 SNS를 이용한 모욕도 다수였으나 이는 정밀한 법적, 제도적 접근이 필요하기에 다루지 않았다.

또 학교생활기록부를 마음에 들게 수정해 달라는 요청도 많았고, 학교 폭력 문제에서 "선생님이 어떻게 지도하길래 이런 일이 일어나나요? 선생님이 학교 폭력을 일어나게 한 거 아니에요? 자격이 안 되면 하지 마세요. 선생님이 법적인 처벌을 감당해야 할 거예요."라는 등 책임을 전가하며 민형사 소송을 하겠다는 협박은 물론 실제로 신고와 고소를 진행해 교사가 고초를 겪는 일도 무수히 많았다. 특히 신규 교사들은 "몇 살이세요? 어리네. 대학생이네, 대학생. 신규시죠? 애 안 낳아 보셨으니 모르실 거예요. 선생님이 경험이 없으셔서 잘하실 수 있겠어요? 어린 선생님이 뭘 안다고 나서십니까?"라는 등의 말을 일상적으로 듣고 있었다.

4

괴물 부모 자녀들의 특징

과잉 통제를 하면서 복종과 강요를 강조하는 부모 밑에서 자라는 아이들은 순종할 수밖에 없다. 그러다 점차 부모를 두려워하게 된다. 그 속에서 어떤 아이들은 부모와 자신을 동일시하면서 성장하고, 어떤 아이들은 부모를 미워하면서 성장할 것이다.

어떤 아이들은 순종과 의존 속에서 부모 없이는 할 줄 아는 것이 거의 없는 상태에 처할 수도 있고, 또 어떤 아이들은 부모와의 동일시 과정에서 부모의 반사회적 속성이나 자기애적 속성 일부를 흉내 낼 수도 있다.

여러 문헌에 소개된 자료에 기초해 보면, 괴물 부모를 둔 어린이는 일반적으로 다음과 같은 특징이 있다.[14]

❶ 스스로 자신을 돌보지 못함

❷ 낮은 감정 지수

❸ 낮은 스트레스 회복력

❹ 대인 관계 능력 부족

❺ 강력한 충동성

❻ 즉각적인 만족감 추구

❼ 심각한 부모 의존성: 스스로는 삶의 방향과 목표를 알지 못함

❽ 책임감 부족

괴물 부모의 자녀들에게 붙는 또 다른 별명은 '황태자 증후군' '왕자병' '공주병' 등이다. 이들은 나이가 들어가면서 점차 자기애적인 특성을 보이기도 한다.

하지만 한편으로는 부모의 과잉 통제와 부모에 대한 과잉 의존 사이에서 무기력감과 불안을 느끼면서 마음에 균열이 생긴다. 부모의 각본에 의해 짜인 생활을 하면서 실패

한 적도 없지만, 스스로 도전해서 성취해 본 것도 없다고 인식하기도 한다. 이들은 청소년기에 들어서면서 본격적으로 힘든 사춘기를 겪는데 자신의 운명을 결정해야 한다는 압박감에 아주 고통스러운 시간을 보내기도 한다. 부모를 따르고 계속 부모를 대행할 것인가 그러지 않을 것인가 하는 갈등은 불안, 우울, 자해 시도로 나타나기도 한다.

괴물 부모의 기대에 부응하지 못할 때, 과도한 경쟁 속에서 큰 부담을 느낄 때 자녀는 큰 갈등과 고충을 겪는다. 일전에 방영된 우리나라 드라마 〈스카이 캐슬〉에서 이런 과정을 잘 표현하기도 했다. 겉과 속이 다른 태도, 경쟁에서 승리하기 위해 수단과 방법을 가리지 않는 생존 투쟁 앞에서 아이들은 때로 자살 충동까지 느낀다.

자녀들의 세 갈래 길

괴물 부모의 자녀 대부분은 유치원과 초등학교 시기까지는 부모에게 순종하면서 지내나, 사춘기부터 갈등이 폭발

하는 것으로 보고되었다. 이후 그들의 길은 크게 세 갈래로 나뉘는 것으로 보인다.

❶ 억압과 통제 속에서 이룬 가짜 성공과 성취 속에서 불안정하게 살아가는 '의존 인생'

❷ 부모가 주는 경제적 혜택은 누리지만, 반항적이고 일탈한 상태로 불안정하게 사는 '일탈 인생'

❸ 괴물 부모로부터 탈출하여 새로운 어른들과 함께 자신의 정체성을 새롭게 구성해 나가는 '탈출 인생'

괴물 부모의 자녀 다수가 의존하는 인생을 사는 반면, 그 중 일부는 일탈하거나 독립해서, 즉 괴물 부모에게서 벗어나 자기 인생을 찾아가게 된다. 그 과정에서 여러 고통을 감내해야 한다.

5

괴물 부모의 출현에 대한 사회 심리적 분석

일본에서 괴물 부모가 출현한 이유

일본에서는 괴물 부모가 출현하게 된 이유에 관해 어떻게 분석하고 있을까? 전문가들은 다음의 네 가지 이유를 주요하게 꼽고 있다.[15]

❶ 학교 폭력 만연화 이후 생겨난 불신과 무기력한 학교

일본에서 괴물 부모가 등장하기 시작한 것은 2000년대 초·중반으로, 이 시기는 학교 폭력으로 학교가 혼란스러워

졌던 1990년대 이후이기도 하다. 이 시기를 거치며 학교 폭력에서 학생을 보호하지 못하는 학교를 신뢰하지 않게 된 학부모들이 자기 자녀를 과잉보호하면서 괴물 부모가 등장했다고 보는 시각이 있다.

❷ 학부모의 고학력화

학부모와 교사 간에 학력 역전 현상이 나타났는데, 이것이 학업 및 학교 교육에 대한 비판과 요청이 늘어나기 시작한 것과 관련이 있다고 보는 시각도 있다.

❸ 사회의 학벌화

아주 어린 시절부터 철저히 서열화된 학벌 체제에 자녀를 편입시키려는 부모들의 욕망이 학교와 교사를 힘들게 했다는 분석도 있다. 극한 경쟁을 견디는 과정에서 괴물 부모가 되는 것이다. 실제로 학부모가 자녀의 점수를 고치라고 요구하거나, 자녀에게 좋은 성적을 주지 않았다고 행패를 부리는 일이 많아졌다. 학벌 형성에 필요한 성적을 부모들이 나서서 다양한 방식으로, 수단을 가리지 않고 추구하는 분위기로 사회가 바뀌었다.

❹ 교육의 서비스화

교육에 대한 인식이 바뀌어, 교육이 점차 하나의 규범이나 공동체 활동의 일환이 아니라 수요와 공급에 따라 제공되는 서비스가 되었다. 특히 소비자로서의 학부모가 강조되면서 교육이 얼마든지 '클레임'을 제기할 수 있는 분야로 인식되기 시작한 것이 괴물 부모 현상의 배경으로 지적된다.

일본 정신과 의사 가타다 다마미의 분석

일본에서 이루어진 괴물 부모 논의에서 특히 살펴볼 만한 것은 앞서 언급한 가타다 다마미의 분석이다. 가타다는 자신의 저서 『철부지 사회』에서 책의 한 챕터 전체를 괴물 부모 분석에 바치고 있다.[16]

가타다는 사회적 측면 및 정신 분석적 측면에서 괴물 부모의 탄생 배경을 분석했는데, 이를 재정리하여 기술하면 다음과 같다.

❶ 공동체주의가 붕괴하고 핵가족주의가 탄생하면서 괴물 부모가 나타났다.

가타다는 괴물 부모가 공동체의 붕괴, 마을 교육의 상실, 확대 가족의 해체로부터 잉태되었다고 생각한다. 과거에는 부모뿐만 아니라 확대 가족의 어른들과 마을 연장자들이 예의, 존중 등 공동체의 가치를 가르쳤다. 그런데 이런 공동체가 사라지거나 약화하면서 핵가족이 도덕과 가치의 훈육을 오롯이 담당하게 되었다. 이런 변화 속에서 가족이 괴물 부모의 배양처가 되었다.

일본 사회가 핵가족 중심의 생활에 기반해 공동체주의에서 가족주의로 전환되면서, 예의와 도덕을 위반하는 아이들을 사회가 훈육할 수 없게 되었다. 이 과정에서 학교에서도 공동체의 가치가 약화되었다. 학교에 대한 신뢰가 약해질수록 학교는 공동체와 사회를 대변하는 가치를 전하기 어려워졌다. 또 개별 경쟁에 기초한 학벌 사회가 전성기를 이루면서 일본 부모들은 점차 학교가 내 아이의 성공에 큰 도움이 되지 않는다고 생각하게 되었다. 이에 따라 사교육이 창궐하고 학교에 대한 불신 풍조가 강해졌다.

❷ 학벌 사회가 부모의 괴물화를 촉진했다. 자녀의 미래를 위해 스스로 상급 학교 입시를 기획하는 부모들이 더 빨리 괴물 부모로 변신했다.

학벌 경쟁 사회가 되었지만 학교 교사는 자녀의 학력에만 초점을 두지 않았다. 부모들은 특히 공립 학교가 그런 점에서 무능하다고 느끼기 시작했다. 우리에게도 익숙한, 공부는 부모가 정한 학원에서 하고, 학교는 졸업장을 따기 위해 다닌다는 패러다임이 일본에서 시작되었다. 이는 괴물 부모 사회의 저변에 깔린 중요한 인식 중 하나이다.

부모들은 학교는 해 주는 것이 없고 방해만 되는데 내 아이에게 상처까지 주는 일이 있어서는 안 된다고 생각하게 되었다. 거기에 1980~90년대에 '이지메(집단 괴롭힘)'와 학교 폭력 등이 급증하면서 괴물 부모화를 촉진했다. 내 자녀는 내가 책임질 수밖에 없다는 인식이 확산하면서 부모들은 학교에 더 심각하게 개입했고, 그러면서 교사를 조종하고 괴롭히기 시작했다. 자기애가 강하고 학력에 대한 집착이 강하고, 자녀의 성공이 곧 나의 성공이라는 태도를 지닌 부모들은 특히 더 극성을 부렸다.

학벌 경쟁 사회가 안착하면서, 자녀를 좋은 대학에 보내지 못한 것은 부모의 실패라는 인식이 확고해졌다. 부모들은 학교를 학벌 경쟁을 위한 싸움터로 보게 되었고 더욱 과도하게 교육에 개입했다.

❸ 부모의 희생이 클수록, 부모의 자녀에 대한 통제감이 클수록 더 괴물 부모가 되었다.

한쪽 배우자가 육아나 가사를 지원하지 않는 상황에서 혼자 헌신과 분투를 하며 자녀와 많은 시간을 보낸 부모들은 자녀에 대한 집착이 더 강해졌다. 자녀에게 희생하며 육아를 한 부모들은 자녀를 더 통제하고 지배하고 싶어 했다. 자녀와의 동일시가 그 어느 때보다 강력하게 일어나면서 또 다른 어른이 자녀를 훈육하는 것에 반감이 커졌다. 이것도 괴물 부모의 중요한 특성이다. 남들 앞에서는 무조건 자녀를 옹호하고 두둔하는 부모, 교사를 포함한 다른 어른이 자녀에 관해 부정적으로 이야기하는 것을 견디지 못하는 부모가 늘었다.

❹ 저출생으로 인한 자녀의 희소성 또한 괴물 부모화를 촉진했다.

높은 부담을 안고 어렵게 얻은 귀한 아이라는 인식이 기본적으로 과잉보호 경향을 갖게 했다. 저출생 사회에서 자녀가 희소화되면서 부모들은 자녀에게 더 집착하게 되었다. 또한 무엇이든 기회는 한 번뿐인 경우가 많아져 그 기회에 대한 집착도 강해졌다. 부모들이 학교에 하는 비난 중에는 "하나밖에 없는 자식에게……" 혹은 "단 한 번밖에 없는 졸업 여행인데……"로 시작하는 것이 많다. 이들은 하나밖에 없는 자녀에게 학교에서도 특별한 대우를 하도록 요구하면서, 모든 것을 자기 자녀에게 맞추어 주기를 바란다. 교실에서 내 아이를 주인공으로 하는 드라마가 펼쳐질 것을 기대하고 학교에 보내는 것이다. 문제는 교실에 있는 아이들이 다 그런 주인공이라는 점이다. 그러다 보니 피 튀기는 인정 투쟁이 벌어지게 된다.

❺ 고학력화와 더불어 소비 사회에서 교육 구매자가 된 부모들 중에 괴물 부모가 출현했다.

우리나라에서도 부모의 학력이 교사의 학력보다 우월한 곳에서는 교사로 일하기가 어렵다는 이야기가 많다. 실제로 과거에 비해 학부모들의 학력은 훨씬 높아졌다. 일본 역시 이렇게 학부모가 고학력화되는 과정에서 교사에 대한 신뢰와 인정이 낮아졌다.

더불어 소비 사회의 물신화, 즉 돈으로 되지 않는 것이 없다는 배금주의에, 학교를 일종의 서비스 제공처로 보는 인식이 합쳐져 '구매자' 학부모는 '손님이 왕이다'라는 태도로 군림했다. 우리나라에서도 교사의 부족한 서비스에 관해 끝없이 '클레임'을 걸고 요청하고, 그 요청이 받아들여지지 않으면 교사를 가르쳐서라도 복종시키겠다는 괴물 부모들이 교사를 죽음으로까지 몰고 간다. 학부모에 의한 일종의 교사 '태움' 현상이 도처에 있다. 특히 신규 교사들에게는 이런 '태움'이 더욱 어려운 일이다.

도쿄에 사는 호주인이 바라본 일본의 괴물 부모

도쿄에 사는 일본계 호주인 료지 시마다Ryoji Shimada는 일본에서 일하는 외국인들을 지원하는 온라인 사업체를 운영하며 일본 사회를 이해하고자 자신의 블로그에 '괴물 부모의 해부학'이라는 제목으로 그들의 이중성 혹은 복잡성에 관해 기술했다.[17]

그가 만난 일본의 괴물 부모들은 자신을 안목 있는 교육자이자 부모라 생각하고 있었으며, 스스로 자식을 위해 최선을 다하는 부모들이라 말했다. 자녀에 대한 개입과 과잉보호는 학교에서 정점을 찍지만, 시마다가 보기에 그들은 학교에서뿐만 아니라 자녀와 관련된 많은 사회적 접촉에서 그러했다.

시마다가 만난, 괴물 부모로 분류할 만한 사람들은 모두 자녀가 하나 아니면 둘이었고, 자녀를 위해 자신을 억압하며 지내고 있었다. 또 아빠보다는 엄마가 더 많았고, 학교와 관련하여 괴물 부모라 지탄받았지만 지역 사회에서는 그렇게 나쁜 사람이라고 할 수는 없었다.

그러나 좋은 양육자에 대한 괴물 부모의 신념은 투철해서 이들은 식사부터 공부, 체육 활동, 학교에서의 발표에 이르기까지 자녀의 생활에 전적으로 관여하고 그렇게 해서 좋은 결과를 얻어 내야 한다고 믿었다. 괴물 부모들은 자신의 자녀와 거의 일치된 삶을 희생적으로 살고 있었다.

시간이 가면서 괴물 부모의 자녀 중에는 부모를 막 대하는 아이들이 늘어나는 것으로 보였고, 이 과정에서 부모들은 자녀와 복잡한 싸움을 벌였다. 때때로 자녀에게 맞기도 했는데, 괴물 부모들은 이런 자녀의 문제가 학교, 배우자, 동네가 끼친 나쁜 영향 때문이라고 생각했다. 이런 생각은 아주 강력해서 자녀가 기대대로 되지 않으면 학교에 가서 행패를 부리기도 했는데, 이런 경우 괴물 부모는 마치 다른 사람처럼 보이기도 했다.

홍콩 괴물 부모의 특징

앞서 말했듯 괴물 부모 현상은 홍콩에서도 사회 문제가

되었다. 홍콩 또한 이 문제가 심각한 사회 분열을 낳고 있다고 전해진다.

학교와 학부모, 청소년 등을 위한 심리, 교육 프로그램을 제공하는 홍콩 교육 코칭 업체 '라이프타임 디벨롭먼트 Lifetime Development'의 분석 글에 따르면,[18] 홍콩의 괴물 부모는 주로 교사가 자녀를 대하는 방식에서 문제점을 찾고, 교사에게 불합리한 것을 반복적으로 요청하는 공격적인 양육자 그룹이다. 이들은 '매우 공격적인 불평불만의 군대super-aggressive army of complainers'로 묘사된다. 또한 불합리한 요구로 교사가 정상적으로 일하는 것을 방해하는 존재로 언급된다.

홍콩에서는 왜 괴물 부모들이 부상했을까? 이 글에서는 그간 홍콩에서 일어난 사회적 변화 아홉 가지를 제시하면서 이것이 괴물 부모의 등장에 기여한 요인이라고 분석했다. 그 내용은 다음과 같다.

❶ 급속한 경제 성장에 따른 사회적 가치의 변화로 사회가 배금화되고 물신화되었다.

❷ 사회가 경제적으로 부유해지면서 자녀 교육을 포함해 여러

면에서 더 높은 질을 요구하게 되었다.

❸ 부모들의 교육 수준이 높아졌으며 고임금 직업을 가진 부모도 증가했다.

❹ 사회적으로 교사에 대한 존경심은 부족해진 반면 학교 교육에 대한 불신은 커졌다.

❺ 극심한 저출생 상태로, 자녀가 귀해졌고 한 자녀 가족이 늘었다.

❻ 아주 어렸을 때부터 남들보다 뒤처져서는 안 되는 경쟁 사회에서 살았는데, 그런 경쟁은 더욱 심해지고 각박해졌다.

❼ 사회적 공동체는 약화하고 극단적 개인주의가 부상했다.

❽ 소비주의가 득세하면서 세금을 많이 내는 소비자로 행세하는 학부모가 늘었다.

❾ 학벌의 영향이 커져서, 학벌이 급여가 높은 직업과 연결되는 경향이 높은 학벌 신분제, 학벌 세습제 사회로 바뀌었다.

홍콩의 괴물 부모들이 취하는 태도 역시 일본의 괴물 부모들과 크게 다르지 않았다. 이 글에서 분석한 홍콩 괴물 부모들의 태도는 다음과 같다.

❶ 학교 교사를 개인 보모처럼 여긴다.

❷ 공부를 지나치게 강요한다.

❸ 자기 자녀가 항상 옳다고 여기며 자녀의 행동을 옹호한다.

❹ 학교 교사가 자기 아이를 훈육하거나, 지시하거나, 징계해서는 안 된다는 입장을 취한다.

❺ 자녀의 성적이나 활동의 결과가 좋지 않으면 교사가 전적으로 책임을 져야 한다고 생각한다.

❻ 돈으로 모든 것을 할 수 있다고 생각한다.

❼ 훈육 과정에서 자녀를 적지 않게 폭행해서 아이들이 대부분 자신의 부모를 좋아하지 않는다.

또한 이 글에서는 괴물 부모 중에서도 특히 대하기 어려운 유형으로 다음의 다섯 가지 유형을 꼽았다.

❶ 방어적인 부모: 자녀의 문제를 인정하지 않을 뿐 아니라 교사가 문제의 원인이라고 주장한다.

❷ 까다로운 부모: 자녀에 대한 요구 사항뿐 아니라 학교와 교사에 대한 요구 사항도 많다. 일부는 교사에게 요구 사항을 빼

곡하게 작성해 제시하기도 한다.

❸ 지나치게 관여하는 부모: 자녀의 일거수일투족을 감시하며 이 감시 역할을 교사에게 넘기기도 한다. 자녀를 감시 혹은 관찰해 달라고 담임 교사에게 요청하는 것이다.

❹ 비협조적 부모: 학교의 여러 요청에 협조하지 않으면서 정작 자신은 학교와 교사에게 많은 요청을 지속적으로 한다.

❺ 부모 노릇을 하지 않는 부모: 부모로서 해야 할 일을 하지 않고 모든 책임을 학교에 전가한다.

6

괴물 부모의 인지와 신념

그들은 죄책감이 없는가?

일본과 홍콩, 그리고 최근 불거진 우리나라의 사례를 보면 괴물 부모들의 무례하고 이해하기 힘든, 때로는 정상이 아닌 것 같은 자기 자녀 중심의 행동에는 학교와 교사, 다른 학부모와 사회에 대한 죄책감이나 부끄러움이 별로 뒤따르지 않는 듯 보인다. 그 이유는 무엇일까?

여기에는 아래와 같은 사고방식이 깔려 있다.

❶ '자녀를 위하는 것이 죄인가?'

오랜 세월 동안 우리는 자녀에게 희생하는 것을 부모의 미덕으로 삼아 왔다. 괴물 부모 다수는 자신의 이기적 행동을 이기적이라 자각하지 못하고 자녀를 위한 정당한 희생이라고 여긴다. 그리고 다른 부모들도 소극적이고 부끄러워서 하지 않을 뿐 모두 자기처럼 하기를 원할 것이라고 생각한다. 이들은 자녀를 위하는 것이 죄가 될 수 없다고 믿는다.

❷ '내 이익을 위한 이기주의가 아니다!'

자신의 행동은 자녀를 위한 일일 뿐 자신의 이익 때문이 아니라고 생각한다. 자신도 참고 억누르며 오직 자녀를 위해 최선을 다했다. 자신을 위해서는 돈 한 푼 쓰지 않으면서 아이 학원비로 고액을 쓰는 부모들은 한결같이 말한다. 아이를 위한 길에 자기 삶을 바쳤다고.

❸ '힘들게 키운 아이이니 사회가 비싼 대접을 해야 해.'

아무도 도와주지 않아 혼자서 애써 곱게 키운 자녀를 누군가가 함부로 대하는 일은 있을 수 없다고 생각한다. 그리고 힘든 육아에 따른 보상을 제공받기를 원한다.

'독박 육아' 경험이 고될수록 부모는 더욱 부끄럼도, 죄의식도 없이 학교와 교사를 괴롭히는 괴물 부모가 되기 쉽다.

괴물 부모의 신념을 구성하는 요소들

괴물 부모도 결국 사회적 산물이다. 어떤 구체적 요인들로 이런 유형의 소집단이 출현하게 되었는지 그 뿌리를 실증적으로 드러내려면 더 많은 깊은 논의와 연구가 필요할 것이다. 다만 괴물 부모들의 발언과 행동에 기초해서 괴물 부모의 인지와 신념이 어떻게 구성되어 있고 어떤 요소들이 줄기로 올라와 있는지는 추정해 볼 수 있다. 이를 위해 앞서 다룬 것들을 재구성하면 다음과 같다.

❶ 경쟁 사회와 학벌 시스템

경쟁 사회와 학벌 시스템이 괴물 부모의 기초적인 사회인식이다. 괴물 부모 현상이 기원하고 확산한 곳은 일본,

홍콩, 우리나라 등지이다. 이들 사회에서는 생존 그리고 성공이 입시에 기반한 경쟁의 결과에 따라 나뉜다. 보통 이 경쟁은 '치열하다'는 정도를 넘어 중독적인 병리 현상이라고 지적될 정도이다.

동아시아 국가에서 '학력주의' '학벌 사회' '학력 세습' 등은 언제든 강력한 사회 이슈가 된다. 이로 인해 도처에서 사회 병리가 확산한다. 사회 전체가 과다한 경쟁과 아동 학대를 용인한다. 그리고 그 결과로서의 학벌이 사회적 지위와 경제적 수입에 막대한 영향을 미친다. 공부 못하는 사람은 제대로 인간 대접을 못 받는 사회에서는 각박하고 치열한 경쟁이 만연한다. 학력, 성적에 기반한 학벌이 지배하는 사회라고 해도 과언이 아니다.

이는 세월이 흐르면서 나아지기보다 더 악화하고 있다. 그런 과정에서 성장한 이들은 결혼하거나 자녀 낳기를 꺼린다. 행복하지 않은 삶을 살아온 어른들은 자녀들이 자신의 삶을 반복하지 않기를 바란다.

과열된 입시 경쟁은 좋은 학군이라는 구획을 만들어 이들 지역의 집값을 올려놓는다. 부동산 가격은 어느 나라나 주로 학군으로 결정된다. 이 격차가 너무 커지면 좋은 학벌로 진입하기가 더욱 어려워진다. 부모의 부가 높은 학력을 보장하는 세습적 사회가 된다. 자녀에게 좋은 집, 좋은 학력을 제공할 여력이 없는 성인들은 결혼도 출산도 포기하게 된다. 즉 이들 사회는 다양한 기회를 통해 비교적 평등한 삶을 보장하는, 공동체성과 시민성이 살아 있는 사회를 지향하는 분위기를 형성하는 데 실패했다.

❷ 과잉보호

괴물 부모는 스스로 과잉보호하고 있음을 인지하지는 못하나 과잉보호는 이들의 중요한 신념이자 행동 양식이다. 저출생으로 인해 과잉보호는 마음의 습관이 되었다고 해도 과언이 아니다. 아이 키우기 어려운 사회에서 하나밖에 없는 아이에 대한 부모의 애정은 높아지기 마련이다. 외동아이 아니면 아들과 딸 한 명씩만 둔 '두 외동'이 가정의 기본이 되면서, 모두에게 자녀를 키우는 것이 인생에 한 번밖에 없는 기회가 되었다. 또 그 자녀는 하나밖에 없는 핏줄이 되었다. 그 과정에서 아이에 대한 집착이 강화되었다. 아이에 대한 책임은 부모에게 전적으로 있다는 각자도생의 경쟁 사회에서 자녀에 대한 과잉보호는 더욱 확산되었다.

❸ 왜곡된 좋은 부모관

괴물화된 부모들이 있는 사회에서는 좋은 부모에 대한 관념이 왜곡되어 있는 경우가 많다. 좋은 부모는 아이를 좋은 대학에 보낸 부모라는 생각이 만연해 있다. '부모로서 해야 할 가장 중요한 일은 무엇인가?'라는 질문에 많은 부모가 공부를 많이 시키는 것이라고 답한다. 그 결과로 아이가 좋은 대학에 가고 좋은 회사에 취직해서 안정적으로 살게 하는 것이라고 생각한다.

자녀를 모두 좋은 대학에 보낸 부모들은 저명인사가 되기도 한다. 자식이 잘 살도록 도울 여러 방법을 고안하는 것보다 그저 공부를 잘하게 만드는 것이 부모 됨의 본질처럼 되어 버렸다. '행복이 성적순'이라는 도식은 오랜 저항에도 깨어지지 않았다.

❹ 각자도생 사회

우리 사회는 아무도 책임져 주지 않는 사회, 부모가 모든 것을 책임져야 하는 사회라는 인식은 괴물 부모의 신념 중에서 아주 중요한 요소이다.

자녀를 낳은 직후부터 '독박 육아'의 긴 터널을 빠져나와야 했던 젊은 부모들은 각자도생이라는 신념에 더욱 단련된다. 사회에는 육아에 대한 가족적, 사회적 지원이 현저히 부족하다. 그리고 육아로 생겨난 경력 단절은 부모의 삶을 더 처절하게 만든다. 여기에 자녀와 둘만 있는 힘든 육아기를 지나는 동안 자녀와 일체화된 느낌을 더 많이 갖게 된다.

일본과 홍콩도 그렇지만 특히 우리 사회는 경제적 여건이 나아지고 민주주의가 더 진행되어도 여간해서는 사회가 개인과 가정에 도움을 주는 체계로 발전했다는 느낌이 들지 않는다. 사회 제도는 시민이 기대하는 만큼 작동하지 않는다. 이 과정에서 많은 부모가 내 자녀는 내가 책임질 수밖에 없다는 생각을 하게 된다.

그런데 이 책임지는 사람의 다수는 사실 엄마이다. 전보다 아버지들이 더 자주 등장하기는 하지만 여전히 대부분은 엄마이다. 괴물 부모 중에도 아빠보다 엄마가 더 많다. 우리 사회는 오래전부터 지금까지 자녀에게 문제가 생기면 대부분 엄마 혼자 해결해야 했다. 이렇게 '혼자 해결해야 한다'는 처절한 인식이 괴물화된 부모의 신념이다. 이 신념이 '내 자식은 내가 챙긴다'는 인식으로 이어졌고, 이 인식이 확장되어 '내 자식의 모든 것을 내가 챙긴다'로 왜곡되었다.

❺ 자녀의 사유화

자녀의 사유화 또한 괴물 부모의 강렬한 신념이다. '독박육아' 속에서 일체화를 거쳐 키우고 있는 자식은 부모 자신의 확장이기 때문에 자녀의 사유화 경향은 어찌 보면 자연스럽다고 해도 과언이 아니다. 그래서 부모는 아이와 자신의 분리가 어렵고, 성장한 자녀의 삶에까지 깊숙하게 개입하는 데 갈등이 없다.

이들 부모는 자녀를 독립적인 존재로 보지 않고 자신의 소유물이나 확장된 부속물로 여긴다. 분리 불안이 높고 자녀에게 버림받는 것을 배우자에게 버림받는 것보다 더 치욕적이고 수용할 수 없는 일로 여긴다. 그런 강한 집착 때문에 괴물 부모의 자녀들은 제대로 숨 쉬며 살 수 없다는 느낌을 받기도 한다. 그래서 이런 자녀들에게서는 전혀 예상하지 못한 결과가 돌출적으로 나타나기도 한다.

일본의 괴물 부모 관련 사례[19]

교육 관련 이슈를 다루는 일본의 한 블로그에 다음과 같은 괴물 부모 관련 에피소드가 게시되어 반향을 불러일으킨 바 있다. 앞서 간단히 언급한 이 에피소드의 자세한 내막은 이러하다.

학교의 공개 참관 수업에 오게 되면 부모들은 대부분 교실 뒤에서 자녀를 관찰한다. 그런데 한 부모는 관찰을 넘어서 교실에서 자녀와 직접 이야기를 나누기 시작했다.

교사가 수업 중이라고 말했으나 부모는 계속 개입했다. 그래서 교사가 다시 협조를 요청했더니, 그 부모는 다른 부모들도 다른 방식으로 아이를 돕고 있다고 하면서 불쾌하다고 말했다.

그렇게 일이 끝난 줄 알았다. 그런데 그날 저녁 학교 홈페이지에 해당 교사를 비난하는 글이 올라왔다. 학교 홈페이지뿐 아니라 교육청 홈페이지에도 올라왔다. "독재자 교사, 교실에서는 교사의 말이 곧 법, 도움 주려는 부모를 제지했다."라는 등의 글이 익명으로 올라온 것이다.

교사는 이 익명의 민원 글에 대한 경위서를 학교와 교육청에 제출해야 했다. 이 사건 이후에도 몇 차례 이 교사를 비난하는 글이 온라인에 올라왔고, 교사는 자신의 평판이 나빠진 것을 알게 되었다.

이후 교사는 교실에서의 언행에 대한 부담감과 평판 악화에 대한 수치심으로 학교 출근이 힘들어졌다. 더욱이 다음 학부모 참관 수업이 다가오자 출근이 더 어렵게 느껴졌다. 그래서 다음 학부모 참관 수업 일자가 발표되자 그날이 오기 전에 학교를 그만두었다.

'독박 육아'에 대한 어느 일본 엄마의 항변[20]

일본에서 일부 부모가 괴물 부모가 되는 이유 중 하나는 자녀와의 공생, 일체화 때문이라는 지적이 많다. 특히 육아를 직접 감당한 어머니와 자녀의 일체화가 더 흔한데, 그 일체화의 근저에는 '독박 육아' 속에서 서로 밀착될 수밖에 없는 현실이 작동한다고 보았다. 아버지는 있으나 그 기능이 없는데, 가부장적 문화는 지속된다. 이 과정에서 어머니는 억울한 마음이 깊이 쌓이고 자녀와 압도적으로 많은 시간을 보내면서 자녀와의 일체화, 그리고 자녀의 사유화가 진행되기 쉬워진다.

아래 글은 일본의 교육 관련 블로그에 올라온 글로, '독박 육아'의 현실을 표현한 것이다.

육아는 죽을 만큼 힘들었다. 나는 내 아이를 그렇게 죽을힘을 다해 혼자 키웠다.

아이를 낳았을 때 나는 새로운 동네에서 혼자 아이를 키워야 했다. 베이비시터나 가족의 도움을 받지 못했다. 남편은 쉬는 날

에도 육아를 도와주지 않았다. 그리고 자주 출장을 가서 집을 비우기 일쑤였다.

나는 두 개의 대학 과정을 나와 두 개의 학위를 가지고 있었지만 1년 내내 관련 일에 접촉할 수 없었다. 1년여의 출산 휴가와 육아 휴직 기간 동안 거의 혼자 고립되어 지냈다.

이 기간을 기쁘고 즐겁게 보냈다고만 말할 수는 없다. 모성 본능만으로 아기를 키울 수는 없었다. 온갖 육아 프로그램을 시청했지만 그 유명세만큼 도움이 되지는 않았다. 양육에 지원을 받고 사람들과 만나고 가까운 동네에서 육아에 필요한 것들을 해결하고 싶었지만 불가능했다.

하나밖에 없는 아이 육아가 뭐가 힘드냐고 당신들은 물을 수 있다. 하지만 하나밖에 안 되는 자식을 키우는 것은 너무 어려웠다. 남편도 없고 도와주는 다른 사람들도 없이, 오직 아이와만 많은 시간을 함께 보내며, 아이와 나 사이는 설명할 수 없는 깊은 관계가 되었다.

나는 육아가 너무 힘들었다. 육아가 이렇게 힘들어야 하는 것인가? 이렇게 힘든 육아를 통해 나와 맺어진 아이를 누구라도 건드린다면 내가 가만히 있을 수 있을까? 설령 내 아이가 잘못했다 하더라도.

일본 괴물 부모 현상에 대한 사회적 고발

메이지대학교의 모로토미 요시히코 교수는 괴물 부모 현상을 보여 주는 수백 가지 사건을 열거한 바 있다.[21] 그중 일부를 보면 다음과 같다.

그에 따르면 자녀가 교실에 몰래 녹음 장치를 가지고 가게 한 부모도 있고, 스포츠 경기 결과를 자기 자녀에게 유리하도록 바꾸라고 요구한 부모도 있다. 놀이터에서 아이가 친구들과 함께 놀다 다쳤는데, 다른 아이들이 자기 아이를 다치게 했다며 다른 아이들의 등교를 중지시켜야 한다고 주장한 부모도 있다. 또한 교문 앞에서 교사에게 모욕을 주고, 사직서에 서명할 때까지 학부모들 앞에서 교사에게 망신을 주었던 사례도 있다.

모로토미 교수는 특정 교사가 해고되도록 하기 위해 일부 부모 집단이 공모해서 어떻게 교사 사냥꾼 노릇을 하는지도 알려 주었다. 그에 따르면 괴물 부모들은 학교 근처 커피숍이나 패밀리 레스토랑에서 소규모 모임을 자주 갖는데, 그 자리에서 의견을 모은 뒤 학부모 게시판이나 채팅 창에 교사를 음해하고 모욕하는 선동을 한다. 단지 '사냥꾼' 몇 명이 아닌 교사를 몰아낼 '사냥 부대'를 채팅 창과 게시판에서 모은 다음 행동에 옮기는 방식으로 활동한다.

선생님이 자신을 예뻐해 주지 않는 것 같다는 자녀의 한마디에 분이 나서, 그 한마디가 씨앗이 되어, 교사 해고까지 이루어지는 과정은 다음과 같다.

❶ 소수 괴물 부모가 동네 커피숍 미팅에서 교사에 대한 불만을 모은다.
❷ 이에 동조해 부화뇌동할 학부모를 각자 모은다.
❸ 학급 게시판이나 채팅 창을 통해 여론을 만든다.
❹ 학교 게시판이나 채팅 창에서 이를 계속해서 문제 삼고 교사에게 모욕을 준다.
❺ 학교장이나 교육청 담당자에게 압력을 넣어 교사의 해고를 요구한다.

모로토미 교수는 자녀의 일에 지나치게 민감한 학부모들이 소비자로서의 권리를 앞세워, 자기 자녀에게 유리하지 않은 교사를 그들의 기준에 따라 쫓아내는 방식을 발견했으며 그것이 바로 괴물 부모 현상이라고 말한다.

그러나 교사를 내쫓으며 생기는 여러 피해는 고스란히 그 부모의 자식들이 보게 된다. 새로운 교사를 구하고, 새로운 교사는 더욱 학부모들의 눈치를 보고, 그 과정에서 교육은 사라지고, 학부모들의 입맛에 맞춘 비교육적 훈육만 교실에 가득 차기 때문이다.

2부

독이 든 사랑, 괴물 부모가 되는 이유

■ ■ ■

2부에는 괴물 부모화를 정신 분석적, 심층 심리적으로 이해하는 데에 도움이 될 만한 일곱 가지 이야기를 담았다.

먼저 괴물 부모들의 내면에 있는 자기 증오와 자기 연민, 심각한 자기애, 포기되었어야 할 유아적 전능감 등을 살펴본다. 그리고 과도한 불안과 부모 자신의 트라우마로 인한 과잉보호, 부모와 자녀의 일체화 현상을 좀 더 깊이 파고든다. 또한 능력주의 사회에서 도태되는 것에 대한 두려움과 피해 의식, 조건부 사랑을 비롯해 책임을 전가하고 변명을 찾게 되는 부모들의 심리를 다룬다.

2부. 독이 든 사랑, 괴물 부모가 되는 이유

이런 이야기는 다양한 문헌은 물론 부모들과 했던 상담, 아이들이 내게 찾아와서 털어놓은 말들, 그리고 여러 관계 속에서 얻은 경험에 기초한다.

2부에서 다루는 여러 심리는 모두 부모-자녀 관계의 왜곡, 더 깊게는 자신과 자신이 맺는 관계의 왜곡 속에서 만들어진 심리이며, 거기에는 사회의 모순과 압력이 깊은 영향을 미쳤다고 볼 수 있다. IMF 금융 위기, 코로나19 등 10년에 한 번 이상 찾아오는 큰 위기와 그 아래에서 작동하는 신자유주의 이데올로기, 기형화된 능력주의가 괴물 부모 심리의 바탕을 이루고 있다고 생각한다.

그렇지만 2부에서는 개인의 심리 차원을 주로 분석하고자 한다. 부모들의 심리를 거대 담론 속에서 더욱 정교하게 이해하고 구조화하는 것은 아직 시간이 더 필요한 일임을 고백한다.

1

자기 증오와 자기 연민

우리에게 '아이'란 무엇인가

"아이는 부모의 종교가 될 수도 있다. 부모 역할은 거룩한 아이를 돌보는 신성한 것이 된다. 만성적으로 우상화된 아이들은 만성적으로 괴롭힘을 받은 아이들만큼이나 현실 세상으로 진입하는 것이 어려울 수 있다."[22]

미국 뉴욕대학교 교수인 심리학자 마이클 아이겐은 『독이 든 양분』이라는 책에서 위와 같이 말했다. 그러면서 아이가 종교가 되었을 때 부모의 역할이란 거룩한 아이를 돌보고 숭배하는 것이라고도 했다. 아이의 신도가 되어 버린 부모들은 아이를 숭상하면서, 자신의 모든 것을 자녀라는 제단에 바치면서 살아간다. 신이 된 아이를 누군가가 혹은 세상이 건드리는 것은 부모들에게 신성 모독으로 받아들여질 수 있다.

아이겐은 사랑이 독으로 변했을 때 이런 일이 일어난다고 했다. 그래서 자녀를 진정으로 사랑하는가, 그 사랑이 독이 아니라 정말 자녀에게 필요한 양분인가를 성찰하는 것이 아주 중요하다.

아이겐은 특히 자녀를 자신의 만족을 위한 도구나 연장처럼 여기는 부모들에게 사랑이 독이 되는 현상이 나타난다고 했다.

"아이는 일상생활 속에 스며든 메시아적인 기대를 소화해야만 한다."[23]

아이겐은 같은 책에서 또한 이렇게 말했다. 어떤 부모에게 아이는 부모의 메시아이다. 메시아가 된 아이는 부모에게 기적을 보여 주어야 한다. 부모에게는 아이의 많은 것이 기적으로 보인다. 아이가 기적을 보여 주지 못할 때, 부모들은 아이가 문제라고 하지 않고 아이 주변이 문제라고 한다. 자기 아이가 메시아라서 핍박받는다고 생각하기도 한다.

자녀가 신이 되어야 하는 이유는 무엇일까? 아이겐은 자신의 욕망, 자신의 기쁨을 자극하는 원천이 부재한 때문이라고 했다. 아이겐에 따르면 이 과정에서 만들어지는 부모와 아이 사이의 관계는 병적 혼합물로 뒤엉키게 된다. 그래서 이 관계에서 사랑이라고 하는 것은 독이 가득한 사랑, 사랑에 의한 독화intoxication이다.

아이겐의 이러한 통찰을 괴물 부모에 적용해 볼 수 있다. 괴물 부모는 자신의 문제 때문에 자녀를 신이나 메시아로 우상화하고, 그 과정에서 독에 물들게 하여 자녀를 괴물 아이로 만들 수 있다.

신도 메시아도 아닌 내 아이

괴물 부모는 아이가 유치원이나 학교에 입학해 신적인 능력을 발휘하거나, 메시아로서 짠 하고 나타나 활약해야 할 순간에 본격적으로 등장하기 시작한다. 하지만 '기적은 일어나지 않는다.'

현실에서 내 아이는 신도 아니고 메시아도 아니다. 그것을 수용하지 못하는 순간에, 그 균열의 순간에 부모는 교사 탓, 학교 탓, 친구 탓을 하게 된다. 그 과정에서 흔히 표적은 교사가 된다.

"교사가 내 아이에게 피해를 입혔고, 상처를 주었고, 내 아이를 불공평하게 대했다. 그래서 내 아이가 신성을 잃었다."

"천사인 내 아이의 날개가 학교에서 꺾였다."

괴물 부모의 기운이 농후한 분들에게 주로 듣는 이야기이다. 신이자 메시아인 자녀의 기적이 반복적으로 좌절될 때, 이들은 이 과정을 파괴로 여긴다. 세상이 자기 자녀를 파괴했다고 느끼고 교사가 그 파괴를 주도했다고 여긴다. 이렇게 희생양을 찾는 것Scapegoating은 그것이 이 상황을 설명할 수 있는 가장 성공적인 변명이기 때문이다. 괴물 부모들이 찾아낸 희생양이 바로 교사, 학교이다.

우리 아이를 교사가 파괴해서 아이의 신성이 모독되고 가능성이 붕괴되었다는 생각은 괴물 부모들에게 자기 용서로 갈 기회를 준다. 그리고 면죄받으려면 아이를 파괴한 교사를 공격해야 한다. 거칠게 공격해서 교사가 하지도 않은 잘못에 대한 시인을 받아 내야 평생 면죄부가 발행된다.

"잘나가던 아이가 ○○학교, ○○교사를 만난 뒤로 신성을 잃었다."

이 면죄부가 자신과 자녀에 대한 연민을 만들어 낸다.

"그녀는 자신의 존재를 독화시킨, 자기 증오로 가득한 부모 환경에서 성장했다. (……) 부모의 자기 증오와 자기 연민이 그녀가 들이마시는 공기였다."[24]

마이클 아이겐은 한 환자의 사례를 분석하면서 이렇게 말했다. 아이겐은 책에서 독이 든 양분을 주는 부모가 어떤 부모인지 특별히 자세하게 서술하지는 않았다. 하지만 서론에서 이 이야기를 언급하면서 환자를 파괴한 부모의 본질은 바로 자기 증오와 자기 연민이라고 지적했다.

그의 말처럼 괴물 부모의 본질은 자기 증오와 자기 연민이다. 아이를 독화하는, 자기 안에 독을 지닌 부모들은 자신과 자신의 삶에 증오를 갖고 있기 쉽다. 그래서 분노를 뿜어낸다. 동시에 그들은 위로받지 못한 사람들이다. 그래서 연민을 갈구한다.

그 자신이 부모에게 인정받지 못했거나, 사랑받지 못했거나, 기대에 미치지 못했기에 생긴 부모에 대한 미움. 자신에 대한 미움을 해결하지 못했기에 생긴 그 불인정에 대한 섭섭함. 사랑받지 못함에 따른 무가치한 느낌. 부모와 자신에 대한 미움. 이런 감정들이 그들의 피를 바꾸어 놓았다. 자기 연민과 자기 증오가 자신도 모르게 그들의 심장에서 펌프질되어 그들의 피에는 이제 독이 스며들어 섞인다. 호흡할 때마다 독이 퍼져 집 안은 미움과 연민이 남모르게 퍼진 공기로 가득 찬다.

자기 증오 때문에 그들은 자녀를 끔찍하게 사랑하는 듯이 행동한다. 또한 자기 연민 때문에 그들은 자녀 역시 자신을 끔찍하게 사랑해 주고 기적을 일으켜 주기를 바란다. 하지만 영문을 모르는 아이가 그런 사랑과 기적을 가져오는 일은 거의 불가능하다. 가능하다 해도 아이가 사회에 나오는 순간 끝이 난다. 그때부터 부모들은 다시 힘들어진다.

괴물 부모가 독화하기를 중단하려면 자기 증오와 자기 연민에 대한 치유가 필요하다. 치유하지 않으면 자녀와 관계된 모든 곳이 괴물 부모의 분노와 연민의 쓰레기 터가 될 것이다. 그리고 그곳에는 그 독 때문에 쓰러지는 안타까운 교사들, 자녀의 친구들이 있을 것이다.

2

병적 자기애와 유아적 전능감

내 자식은 왕이다

"어린 시절 '나는 왕이다'라고 착각하던 사람이 부모가 된 이후에는 '내 자식도 왕이어야 한다'는 생각에 빠져든다."[25]

일본 정신과 의사 가타다 다마미의 말이다. 괴물 부모의 또 다른 본질은 바로 이러한 병적 자기애이다. 자녀를 자신의 확장물이나 부속물로 여기는 병적 자기애를 갖고 있으며, 그 자기애를 자녀에게까지 강요하는 사람들 중에서 괴물 부모가 주로 출현한다.

괴물 부모들은 자신의 일부인 자녀를 불편하게 하거나 문제를 일으키는 일은 바로 부모인 자신에게 도전하는 것과 같다고 생각한다. 이와 더불어 '할 수 있고, 해낼 수 있다'라는 유아적 전능감이 아직도 괴물 부모의 삶에서 깨어지지 않고 유지되고 있어서, 이들은 주변의 모든 사람을 향해 '할 수 있어'를 강요한다. 그래서 괴물 부모의 자녀가 가장 힘들어하는 것이 바로 부모 자신도 했으니 자녀도 할 수 있을 것이라는 부모의 확신에 찬 가정이다. 여기에 환경과 여건이 좋으니 부모보다 더 잘할 수 있을 것이라는 조절되지 않는 기대가 덧입혀진다.

"어른이 된다는 것은 과대평가된 상상 속 내 모습 즉 자기애적 만능감을 하나씩 잃어 가는 '포기'의 과정이기도 하다."[26]

가타다는 또한 이렇게 말했다. 어른이 되는 과정에서 단념과 포기를 배우는 것은 인생의 필연인데, 어떤 사람들은 단념도, 포기도 하지 못한다. 이런 유아적 전능감, 혹은 만능감을 갖고 있는 자기애적 성인이 괴물 부모가 된다. 이런 부모에게 자식은 다시 한번 만능감을 발휘할 기회를 준다.

우리 사회에 만연한, 지나친 '할 수 있어'가 낙담한 사람들을 위한 격려와 위로가 아니라, 병적 자기애를 가진 사람들의 유아적 전능감을 유혹하는 기제로 작동하는 것을 염려하고 경계해야 한다.

"아버지가 의사니까 너도 의사를 해야 한다. 아버지는 좋은 의대를 나오지 못했지만, 너는 아버지보다 좋은 의대를 가야 한다."

실제로 이런 압박을 받았던 한 학생이 방화와 살인을 했다. 2006년 6월 일본에서 일어난 방화 및 살인 사건의 주범은 고등학교 1학년 학생이었다. 이 학생은 부모에게 받던 압박에서 벗어나기 위해 그런 일을 저질렀다고 했다. 그의 부모는 스파르타 방식으로 자녀를 훈육하면서 명문 국립 의대에 입학할 수 있다고 채근했다고 한다.

이런 사례는 우리나라에도 종종 존속 살해, 부모 살해 사건의 한 유형으로 이따금 등장한다. 2000년에, 고려대를 입학한 뒤 군대에 다녀온 아들이 부모를 살해하고 시신을 훼

손, 유기했던 사건이 있었다. 그 부모는 아들에게 어렸을 때부터 공부와 행동을 이유로 꾸중과 타박을 쉬지 않았다고 한다. 결국 아들이 서울대를 가지 못하자 구박하고, 아들의 군대 복무 기간 중에 한 번도 면회를 가지 않았다. 그리고 제대한 아들에게 폭언을 반복적으로 퍼부었다.[27]

자식이 서울대를 가지 못한 것이 부모의 자기애를 파괴했을까?

자녀는 부모의 자기애적 상처에 대한 패자 부활 기회인가?

부모가 자식에게 기대를 거는 이유는 그런 기대가 부모의 자기애, 특히 상처 입은 자기애를 재생시켜 주는 수단이기 때문이다. 자녀가 할 수 있다는 생각으로 덤벼들어 꿈을 이루면 그것은 바로 부모 자신이 치유되는 일이다. 자녀들은 영문도 모르고 부모의 치유자 노릇을 해야 한다.

이 과정에서 자녀가 실패하고 포기하면, 이것이 자녀만

의 문제가 아니라 부모의 문제가 되는 것은 당연하다. 자녀가 꿈을 이루지 못하면 자녀의 꿈뿐만 아니라 부모의 꿈도 깨어지는 것이다.

병적인 자기애를 갖고 괴물 부모가 된 이들은 자식을 지배하고, 강요하고, 자식이 자신의 자기애적 희생물이 되도록 몰아가는 데 별 가책을 느끼지 못하는 것으로 보인다.

가타다는 자신이 괴물 부모 밑에서 성장해서 힘든 생애를 살았다고 고백했다. 부모의 기대에 부응하느라 힘들었으며, 부모의 자기애와 전능감에 깊은 상처를 받았다고 말했다. 그래서 괴물 같은 부모로부터 벗어나야 한다는 책을 내기도 했다. 우리나라에서는 『자식을 미치게 만드는 부모들』이라는 책으로 나왔는데, 이 책의 요지는 '빨리 벗어나라'는 것이다.

3

과도한 불안, 트라우마, '컬링 부모'

내 아이의 앞길을 미리 다 치워 놓으세요

자녀의 아픔은 나의 아픔이라는 동일시를 넘어 그 아픔을 미리 없애고자 하는 부모들이 있다. 이들은 자녀가 어떤 길에서도 넘어져선 안 된다는 불가능한 주장을 한다. 걷거나 뛰지 않으면 넘어질 일도 없으니 아이를 지나치게 통제한다. 거기서 더 나아가 괴물 부모들은 자녀가 어떻게 넘어져도 다치지 않도록 자녀의 앞길을 치워 놓으라고 요구한다.

"내 아이 피부가 타지 않도록 운동장에 나가지 않게 해 주세요. 그리고 창가에는 앉히지 마세요."

"내 아이가 힘들지 않게 달리기는 시키지 마세요."

"내 아이는 배고픈 것 못 참으니까 급식을 제일 먼저 먹게 해 주세요."

괴물 부모는 과도한 걱정과 함께 무리한 통제를 하고, 학교와 교사에게도 지나치게 개입해 줄 것을 개인적으로 요구한다. 괴물 부모들은 가정을 넘어 자녀의 학교생활까지 침범하면서 자녀의 앞길을 미리 닦아 놓으려 한다.

이런 극심한 양상은 다른 나라, 다른 대륙에서도 나타난다. 과도한 걱정을 앞서서 하면서 아이가 고통과 실패를 일절 겪지 않도록 아이를 과잉 간섭하고 과잉 통제하는 부모를 '컬링 부모curling parents'라고 부른다. 이 말은 덴마크의 심리학자 벤트 후고르Bent Hougaard가 만들어서 널리 인용되고 있다. 목표에 도달하는 데 장애물이 될 것을 미리 제거하는 현상을 운동 경기 컬링에 빗대어 만든 용어라고 한다.[28]

후고르는 다음과 같은 사람이 컬링 부모라고 했다.

❶ 자녀가 힘들 것을 미리 걱정하고 힘들어할 만한 문제를 앞서서 찾는다.

❷ 자녀가 연령에 맞는 선택을 하지 못하게 한다.(즉 자녀가 더 쉽게 할 수 있도록 하고, 힘든 것은 못 하게 하고, 성공만 하게 한다.)

❸ 자녀가 자기 문제를 혼자 해결하도록 허용하지 않는다. 부모가 거들어 줄 수 있을 때 하기를 바란다.

❹ 자녀가 고민해서 결정해야 할 것이 있으면 부모가 나서서 협상을 대신해 준다.

❺ 자녀가 하는 여러 활동에서 절대 실패하지 않도록 보호한다.

❻ 소독이 된 놀이터에서만 놀게 한다.

❼ 외박을 절대 허용하지 않는다. 외박은 대학 진학 이후에나 허락할 예정이다.

과잉보호, 과잉 간섭의 결정판이라 할 수 있는 컬링 부모 현상은 괴물 부모에게서 아주 흔히 발견된다. 이런 부모는 자녀가 조금 다치기라도 하면, 자녀가 친구들 사이에서 상처받기라도 하면, 자녀가 조금이라도 흠을 입게 되면 거의 세상을 폭파시킬 것처럼 행동한다.

아무것도 할 줄 모르는 덩치 큰 아이

과잉보호, 과잉 간섭, 과잉 통제의 결과는 참혹하다. 부모만 빤히 쳐다보는 아이는 결국 상처받기가 너무도 쉬운 무능한 아이가 된다. 부모가 없으면 아무것도 할 줄 모르는 아이, 결정을 내리지 못하는 아이가 된다. 그럴수록 더 보호하려고 하면 아이는 더욱 무능해진다.

가장 상처받기 쉬운 존재로 길러 학교에 보내고는, 거기서 내 아이가 그 어떤 상처나 실패, 낭패감을 보지 않게 해달라고 한다면 그것은 불가능한 요청이다. 학교가 마치 백혈병 환자를 위한 무균실 같은 공간이 아닌 한 실패, 고통, 아픔, 꾸중, 거절 없이는 사회적 상호작용이 불가능하다.

컬링 부모의 결정적 문제는 자신이 불가능한 것을 무리하게 요구하고 있다는 것을 모르는 것이다. 이들은 초점이 오직 자기 자녀에게만 향해 있어, 그 주변이 보이지 않는다.

일종의 시야 장애가 생긴 것 같은 상태가 되어 버린다.

왜 컬링 부모가 될까? 예기치 않은 일에 대한 부모의 과도한 불안, 사회에 대한 지나친 불신, 부모 자신의 트라우마가 미치는 영향이 크다. 또한 자녀에 대한 지나친 동일시, 자녀가 힘들어하는 것을 차마 볼 수 없다는 고통에 대한 혐오 때문이기도 하다.

컬링 부모가 되는 이유에 대한 다른 시각도 있다. 부모의 삶에 문제가 있기 때문이라는 관점이다. 부모 자신의 삶이 텅 비어 있어서, 즉 부모가 할 일이 없거나 자신의 삶이 무의미하다고 느끼기 때문에 자녀에게 지나치게 집착하게 된다는 것이다. 이런 부모 중에는 학교에 자녀를 보내 놓고 망원경, 녹음기, 도청기를 통해 전문 경호원 빰치는 수준으로 보호와 경계를 하는 이들도 있다.

자신의 삶에는 의미가 없고, 마치 자녀의 경호원이 되기 위해 존재하는 것 같은 삶 속에서 괴물 부모의 임무는 자녀를 사방의 공격이나 피해, 자연재해로부터 지켜 내는 것이다. 터미네이터같이 자녀를 지켜 내는 것이 부모의 임무이다.

"부모 자신의 삶을 찾아라."

이런 전문가들의 조언이 괴물 부모에게는 들리지 않는다. 자신의 삶을 찾는 순간 자신의 존재가 사라진다고 생각할지도 모른다.

어떤 경호원 엄마들은 자녀가 결혼한 후에도 감시를 포기하지 않는다. 지원도 포기하지 않는다. 우리나라에도 있다. 이런 엄마들은 자녀의 집을 수시로 드나들고 반찬까지 다 해서 보낸다. 며느리, 사위에 대한 개입도 서슴지 않는다.

60세 아들의 은퇴 걱정으로 밤을 새우고 눈물을 흘리며 밥을 먹지 못한다는 90세 엄마 환자가 있었다. 아들을 향한, 아들의 부인보다 더 지독한 사랑이었다.

경계란 없고 분리란 불가능한 이 마음을 위대한 모성애라고 보아야 하는가, 아니면 자녀라는 볼모에 사로잡힌 인생이라고 보아야 하는가? 문화 차이로 치부할 수만은 없는 문제이다.

4

부모와 자녀의 일체화, 공생

가족 안에 부부는 없고 자녀만 있다

일본 히키코모리(은둔형 외톨이) 가족의 배경에는 아버지의 부재나 도피, 아버지를 사회에 빼앗김 같은 현상이 있다고 보는 경우가 많다. 이소베 우시오磯部潮라는 일본 정신과 의사는 이런 히키코모리 가족들을 연구하면서 부모와 자녀의 일체화, 특히 '모자 일체화' 현상을 발견했다고 말한다.[29]

이소베가 만난 일본 가족 중에는 엄마와 자녀가 거의 공생체처럼 사는 경우가 허다하다고 한다. 이소베의 연구와 그간의 내 경험을 통해 유추해 보면, 이 모자 일체화 과정에서 일부 어머니는 괴물화될 위기에 처한다.

증가하는 모계 가족

괴물 부모의 가족 중에는 모계 가족이 압도적으로 많은 것으로 보인다. 모계 가족이 된 이유는 엄마가 야심 차게 가족을 정복해서가 아니다. 아버지가 집에 없기 때문이다. 가부장적 사회에서는 아버지가 가장으로 행세하도록 되어 있지만 이는 설정일 뿐, 실제로는 아버지가 집에 없는 경우가 더 많다. 특히 일본은 더욱 그랬다고 한다.

언제나 바빠서 밖으로 도는 아버지는 외부에서 자금을 조달하는 역할을 배정받은 것으로 흔히 표현된다. 우리나라에도 농담인지 진담인지 분간하기 어려운 언급 중에, 아버지가 간섭하지 않는 것이 자녀의 입시에 더 도움이 된다는 이야기가 있다. 자녀의 입시에 필요한 것이 '엄마의 정보력, 조부모의 재력, 아빠의 무관심'이라는 말은 회자한 지 오래이다.

모계 가정에서 엄마는 자녀를 통제하며 가정에서 많은 것을 감당한다. 특히 자녀와의 관계는 아주 특별하다. 엄마와 자녀는 더 밀접히 연관되어 있고, 엄마의 삶은 자녀를 벗어날 수 없는 것처럼 되어 있다. 엄마들은 자신보다 자녀의 삶을 위해 모든 것을 바치고, 죽도록 희생하고, 목숨을 건다. 어떤 엄마들에게는 이러는 것 자체가 이상하지 않다.

이 밀접한 일체화가 아이들의 몸과 마음에 달라붙는다. 그래서 모자 일체화의 경험이 있는 자녀들은 언제나 엄마를 의식하고, 엄마가 지켜본다는 느낌에서 빠져나오기 힘들어한다.

괴물 부모의 자녀가 성장 후에도 겪는 고통 중 하나는 그들 내면에 부모의 시선, 부모의 영혼, 부모의 몸이 들어와 있는 것이다. 이 부착된 부모를 떼어 내는 과정이 아주 힘들고 고통스러우며, 떼어 내는 과정에서 부모만 떨어져 나가는 것이 아니라 자기 생애의 많은 것도 함께 붕괴된다.

부부는 서로 사랑하지 않아도 자녀는 무척 사랑한다

우리 문화에서는 흔히 자녀를 제일 중시하고 부부 관계는 뒷전에 둔다. 엄마들에게 왜 사냐고 물으면 대부분 자식 때문이라고 한다. 아빠들에게 왜 사냐고 물으면 역시 자식 때문에 산다고 한다. 상당히 많은 부부가 자식을 내세우면서 자식을 중심으로 산다. 부부의 사랑에 기초해 자녀를 사랑하는 것이 아니라 자녀에 대한 사랑에 복무하기 위해 부부가 협력적 관계가 된다고 해도 과언이 아니다.

종종 이혼 위기에서도 자녀 덕분에 결혼이 유지된다. 자녀는 부부의 접착제이다. 자녀가 없으면 유지되지 않을 부부 관계가 적지 않다. 우리가 과학적으로 조사하고 계산하지 않을 뿐이다.

일본도 비슷하다. 일본에서는 황혼 이혼이나 '졸혼'이 늘어나고 있는데 이런 현상 역시 이에 근거한 것으로 추정한다. 자녀가 장성해서 부모의 책임이 줄어들고, 자녀에게 이혼의 영향이 크지 않을 상태에 이르면 부부 협력의 목적이

해체된다.

본말이 전도된 듯한 양상이다. 결혼하는 이유가 배우자보다는 자녀를 얻고, 자녀와 살기 위함인가 하는 의심마저 든다. 남편이 있지만 그 남편을 사랑하지 않는 아내가 많고, 아내가 있지만 그 아내를 사랑하지 않는 남편도 많다. 그런데 그런 부부 모두 자녀는 너무나 사랑한다.

서로를 사랑하지 않는 부모를 보면서 자라나는 아이들이 허다하다. 서로는 사랑하지 않으면서, 자녀는 무척 사랑하는 부모를 바라보는 아이의 마음은 분열된다. 통합이 쉽지 않다. 몸을 반으로 쪼개서 한쪽은 엄마를 주고 한쪽은 아빠를 주고 싶다고 이야기한 아이가 한둘이 아니다.

부모를 향한 충성심 갈등은 사춘기에 큰 고통이다. 다소 죄책감을 안고 한쪽을 더 사랑하기로 하면서 편해지는 아이가 꽤 많다. 아이들은 주로 엄마 쪽을 택한다. 하지만 끝까지 누구의 편도 들지 않다가 가족 관계에서 벗어나고자 하는 아이들도 적지 않다.

이런 가정에서는 많은 아이가 마음을 어디에 두어야 할지 혼란을 겪는다. 그래서 마음이 언제나 불편하다. 가족이 싫다고 하는 아이가 많다. 가족을 이루는 것 자체가 고통이라고 호소하는 아이도 많다.

이런 균형과 불균형의 복잡한 관계 속에서 자녀에게 무슨 일이 생기면 큰 싸움이 일어날 위기 상황이 된다. 그리고 책임 전가의 대상이 필요해진다. 아빠는 엄마를 비난하고 엄마도 아빠를 비난하지만, 엄마 아빠 모두 더 비난할 상대를 찾게 된다. 그때 동시에 비난할 수 있는 대상이 학교이고 학교의 교사이다.

모자 일체화 가족의 엄마는 어떻게 괴물 부모의 위기에 놓이는가?

엄마와 자녀가 일체화되면 여러 현상이 나타난다. 첫째로 가장 두드러지는 현상은 엄마의 책임이 커지는 것이다. 그래서 엄마는 자녀에게 일어나는 일에 아주 민감해진다. 학교와 교사가 자녀에게 개입하는 것에 예민해지면서 괴물 부모화 위기에 놓인다.

둘째, 자녀의 처지를 자신만 잘 알고 있어서 다른 사람은 자기 자녀를 잘 대할 수 없다고 생각하게 된다. 그래서 타인들이 내 자녀를 대하는 방식을 조종하고 싶어 한다. 교사에게 자녀를 '이렇게 저렇게' 대해 달라고 하는 이유이다. 이들은 마치 한 편의 드라마 감독처럼 행세하며, 교사를 비롯해 자녀의 주변 사람들에게 각본을 주고 그대로 읽어 달라고 한다. 그리고 그대로 되지 않아서 자녀가 마음 아파하거나 상처받았다고 하면 괴물 부모화의 위기에 놓인다.

셋째, 엄마로서 성공하고 싶은 마음, 좋은 엄마가 되어야 체면이 산다는 생각 때문에 자녀에게 요구가 높아진다. 좋은 엄마가 되고 싶은 것은 모든 엄마의 바람이다. 좋은 엄마가 되려면 자녀가 좋은 행동, 좋은 결과를 보여야 한다. 하지만 자녀가 기대에 어긋나면 자신이 좋은 엄마가 아니라는 사실에 직면해야 한다. 아이가 엇나가기라도 하면 시댁과 친구들, 또 남편과의 전쟁이 기다리고 있는 상황이다. 그래서 자녀의 모든 결과가 좋은 쪽으로 돌아가기를 학교에 강력하게 요구한다.

그 영향으로 많은 괴물 부모 사례가 성적과 관련되어 있다. 어떤 엄마들은 왜 내 자녀에게 좋은 성적을 주지 않았는지 항의하고, 어떻게든 불공평한 점을 발견해 내고, 동네에서 비슷한 처지에 놓인 엄마들을 규합하기도 한다. 그러고는 교사를 폄하하고 민원을 내어 몰아내려고 한다.

적지 않은 이들이 성적이나 평가에 관한 교정 요청을 거절당했을 때 괴물 부모화되어 학교와 교사를 괴롭혔다. 자신과 자녀의 체면을 세우기 위해 공격하고 희생시킬 대상으로 교사를 주로 지목했는데 특히 젊은 교사들은 그런 공격에 잘 대처하지 못했다. 그렇게 공격에 성공한 부모들은 자신의 노력으로 자식을 지켰다고 생각한다.

5

탈락과 배제에 대한 두려움과 피해 의식

왜 내 아이에게만 유독 그러시는 건가요?

경쟁 사회에서 가장 두려운 것은 탈락이다. 탈락 경험을 인생의 상처로 갖고 있는 부모, 패배 경험을 해결하지 못한 부모, 자신의 욕망을 포기하지 못하고 자녀를 통해서라도 재도전해 보겠다는 부모들이 가장 두려워하는 것은 패배, 배제, 탈락이다.

승자 독식 사회에서 패자에게 주어지는 재도전 기회, 패자 부활전이 충분하지 않고, 승패의 갈림길 이후 생기는 격차가 커지면 커질수록 패배와 배제, 탈락에 대한 공포와 민감성은 더욱 커진다.

패배, 배제, 탈락을 중심으로, 즉 박해와 피해를 중심으로 사회를 보면 분노와 불평불만, 불공정에 더 예민해지고 그 대상이 빨리 눈에 띈다.

그런데 그 부정한 것들에 관해 교사에게 이야기했는데, 교사가 이를 인정하지 않으면 괴물 부모들은 두 번째 패배를 용인하지 않기 위해 분주히 움직이기 시작한다. 이때 분노의 수준은 두 배 이상인데, 자신이 과거에 겪었던 개인사에서 오는 분노가 부글부글 끓고 있는 데다, 그것을 만회하겠다고 살아오면서 쌓인 분노가 더해지기 때문이다. 거기에 내 자식마저 나와 비슷하게 불공정한 상황에서 피해를 입는데 그 교사는 나보다 못한 사람이라는 판단이 분노를 더욱 부채질한다. 학력, 양육 경험, 사회 경험 무엇으로 비교해도 교사는 나에게 견줄 상대가 아닌데 도전장을 던졌다는 것에 분개하는 것이다.

내 자녀가 갖지 못하는 것은 아무도 갖지 못하는 것이 좋다

현대인에게 불안 심리를 가중시키는 것으로 '포모FOMO, Fear of Missing Out 증후군'이 있다. 한마디로 '나만 빠진 것 아냐?' '나만 없는 것 아냐?' '나만 제외되는 것 아냐?' 하는 심리에 시달리는 현상이다. '소외 고립 불안 증후군' '소외 공포 불안'이라고 부를 수도 있는 이 현상은 괴물 부모가 갖고 있는 가장 흔한 불안 심리 중 하나다.

이 심리는 안전한 집단 소속감이 보장되지 않고, 배제에 대한 두려움이 클 때 더 강력하게 작동한다. 자녀가 다니는 학교에 대한 신뢰가 떨어지면서 자기 자녀가 소외, 고립, 배제의 대상이 될 가능성이 있거나, 그런 유사한 상황이 벌어진다고 하면 이 증후군은 '풀가동'되어서 온갖 방어 전략을 동원하도록 만들 것이다.

이 증후군이 있는지 테스트하는 간단한 문항은 다음과 같다.[30] 이 중 다섯 개 이상 체크했다면 포모 증후군을 의심해 볼 수 있다.

❶ 주위에서 하는 것들을 보면 나도 해야만 할 것 같고, 내가 하지 못하는 것에 대해 질투심과 소외감이 느껴진다.

❷ 유행하는 물건이나 이슈는 일단 사거나 반드시 알아야 한다.

❸ 대화할 때 내가 모르는 주제가 나오면 불안하다.

❹ 모임이 있으면 무조건 참석해서 분위기를 따라가야 마음이 편하다.

❺ 여행지에서 남들이 '여기 오면 꼭 봐야 한다'고 하는 곳은 필수 코스로 정한다.

❻ '핫'한 장소나 음식은 반드시 사진을 찍어 SNS에 올린다.

❼ 대화에 끼려고 주변 사람들이 재밌다고 하는 드라마를 취향과 상관없이 본다.

❽ 주말이나 휴일에도 인맥 관리 때문에 SNS를 손에서 놓기 힘들다.

'아싸'가 되느니 차라리 죽어 버리겠다

요즘 학생들 사이에서 소집단 소속감을 둘러싼 갈등은

격렬하다. 소속과 배제, 인기와 소외는 학교생활에서 가장 중요한 주제가 되었다. 이 소속감 갈등이나 인기 경쟁이 심한 학교에서는 아이들 관계가 부모들 관계의 대리전이 되는 것은 흔한 일이라고 할 정도이다. 그 관계의 갈등 양상은 갈수록 심각해져서, 초등학생 수준의 가벼운 폭력임에도 불구하고 법정에서 판가름을 내자는 부모들이 늘고 있다. 이 과정에서 괴물 부모들은 관계를 조정하지 못한 탓을 교사에게 돌린다.

교사는 아이가 친구들 사이에서 소외되지 않게 하는 데에 책임을 져야 한다고 그들은 믿는다. 단 한 명의 아이도 포기하지 않겠다는 멋진 교육 구호처럼, 그 어떤 아이도 관계에서 배제되지 않는 완벽한 교실을 만들어야 한다. 그것이 가능한가?

한 명의 '아싸(아웃사이더)'도 없도록 학급을 운영할 수 있는 관계 조정 능력, 갈등 해결 능력, 집단 운영 능력은 누구에게도 없다. 최대한 노력을 기울이지만, 아이들 사이의 알 수 없는 역동으로 만들어져 가는 관계에서는 실패한 관계도 만들어지고, 헤어지는 사이도 만들어진다. 어른들이 할 수 있는 일은 돕고 조정하고 지원하는 일뿐이다. 그 관계의 상처가 크지 않게 하면서 성장과 성숙의 밑거름이 되는 과정을 교육적으로 도모할 수 있을 뿐이다.

괴물 부모화 과정을 멈추려면 부모들은 자신의 과거 경험을 성찰하고, 지금 맺고 있는 관계에서 느끼는 소외 공포 불안을 돌보고 치유하며, 자녀의 소속감과 소외 공포를 건강하게 지원할 수 있는 방안을 터득해야 한다. 이를 교사가 모두 대신해 줄 수는 없다. 내 자녀가 주말에 친한 친구에게 전화를 받지 못하는 것이 교사가 아이들을 불공평하게 대한 탓이라고 상상하는 것을 멈추어야 한다.

6

희생의 대가와 조건부 사랑

내가 이 아이를 위해서 지금까지 얼마나 힘들게 모든 것을 해 왔는지 알아요?

괴물 부모들은 자녀에게 많은 것을 해 주는 만큼, 되돌려 받고자 하는 욕망이 강렬하다. 과잉보호라고 비난받으면서도, '아이에게 그렇게까지 해 줄 필요가 있나?' 하는 비아냥을 들으면서도 무슨 수를 써서라도 특별하게 모든 것을 해 준 자녀라는 사실을 주변에서 알아야 하는데, 이것을 모르면 문제가 된다.

괴물 부모들은 자신의 아이가 얼마나 중요한 아이인지를 모두가 함께 알아야 한다고 주장한다. 또 이 중요한 아이를 위해 자신이 얼마나 희생해 왔는지도 알아주기를 바란다. 그것도 모르면서 내 아이에게 잔소리하는 일은 용인하지 않는다. 내 아이는 성공해야 하고 그것이 바로 내 삶의 성공이며, 그 성공을 위해 나는 모든 것을 희생했다. 그래서 아이의 영광은 나의 영광이고, 아이 성공의 핵심 요인은 바로 나다. 그런데 이런 부모의 희생과 노력은 정말 무엇을 위한 것이었을까? 자녀를 사랑해서가 아니라 성공한 부모가 되기 위한 경쟁에서 이기기 위해서 그런 것은 아니었을까?

그렇게 자녀에게 희생했는데 아이가 성공하지 못한다면, 이들 부모는 그것을 하나의 도전이라 여긴다. 괴물 부모의 자녀에게 성공은 하면 좋고 할 수도 있는 것이 아니라 반드시 따라와야 하는 조건이다. 그 압박이 아이를 짓누르는 경우가 많다. 아이는 성공에 대한 부담을 평생 지닌 채 살게 된다.

성공하지 않으면 사랑은 어렵다

잘해야 사랑하고, 성공해야 사랑한다는 부모, 자신의 성공이 부모의 노력 덕분인 줄 알아야 자식의 도리를 다하는 것이라고 주장하는 부모들이 있다. 이런 부모의 사랑에는 조건이 붙어 있다. 만일 자녀가 잘하지도 못하고, 성공과 거리가 멀고, 부모에 대한 고마움도 모른다면?

만일 내 자녀가 그런 생각이나 태도를 갖게 되었다면 어디선가 나쁜 것을 배워 온 것이다. 왜냐하면 자신은 그렇게 가르친 적이 없기 때문이다. 이런 경우 괴물 부모는 아이의 친구가 좋지 않은 영향을 미쳤거나, 학교나 교사가 불필요한 교육, 시간 아까운 활동을 해서 아이가 성공으로부터 멀어졌다고 주장한다.

미국의 교육 저술가 겸 강연자인 앨피 콘은 『자녀 교육, 사랑을 이용하지 마라』라는 책에서 자녀에게 주는 '잘해야 한다' '성공해야 한다'라는 압박이 어떻게 자녀의 삶을 황폐화하는지에 관해 기술했다. 콘은 그런 압박을 받고 자란 자녀는 평생에 걸쳐 부모를 실망시킬지도 모른다는 두려

움을 안고 살아가야 한다고 말했다.[31]

심지어 이런 아이들은 자라서 성공한다 하더라도 성공에 대한 행복감이 충분하지 않다. 자신의 성공이 아니라 부모의 성공으로 이야기될 것이기 때문이다. 정말 기쁘게 자신의 힘으로, 자신의 동기로 이룬 성공이 아니라 압박과 경쟁 속에서 부모의 지원으로 이루어진, 동료에게 패배를 안긴 성공이기 때문이다.

부모가 자녀에게 희생하면서 성공을 바라는데 자녀가 좋은 성과를 내지 못할 때 부모도 자녀도 모두 큰 낭패감에 빠진다. 이때 자녀는 '자기 불구화'를 해야, 즉 내가 성공할 수 없는 이유에 맞는 어려움이 있다는 핑곗거리를 찾고 그런 상태를 만들어야 부모의 분노를 피할 수 있고 죄책감으로부터 안전하게 지낼 수 있다. 그리고 마음속으로는 자기 가치를 의심하고 두려워하면서 불안한 생애를 이어 간다.

7

책임 전가 대상 찾기

공부는 잘하니? 친구는 많니?

괴물 부모가 되는 큰 이유는 우리 사회가 철저히 순위 매기기 사회, 서열 사회이기 때문이다. 우리 사회에서는 상급 학교 진학을 위한 입시 준비를 공부라고 부르며 그 교묘한 활동을 모두에게 시킨 뒤 시험을 통해 철저히 순위를 매긴다. 그렇게 매겨진 성적과 등급은 대학, 직장, 주거지까지 연계된다. 이런 체제에 순응하면서 생존하기 위해서, 모두가 높은 서열과 순위에 들어가는 길에 매진한다.

이런 사회에서 어떤 부모들은 자기 자녀가 자기보다 높은 순위에 들어가도록 하기 위해 온갖 방법을 다 동원하게 된다. 또 높은 순위에 들어가지 못할 조건에 있는 사람들은 세상을 탓하면서 피해 의식을 지닌 채 살아가기 쉽다.

괴물 부모들은 서열에 아주 민감하고 자녀의 순위에 강박이 있다. 성적이든 친구 사이의 인기든 서열과 순위를 따지고 이 비교에서 밀려나면 순식간에 공격 버튼이 작동한다.

그래서 자녀의 친구를 만나도 서열을 확인하는 질문을 한다.

"공부는 어느 정도 하니?"

"친구들 사이에서 인기는 좋니?"

괴물 부모의 철저한 속성 중 하나는 비교하는 것이다. 자신이 정한, 남들은 알 수 없는 기준과 잣대에 비추어 무언가 충족되지 않으면 아이를 추궁하고 교사를 추궁한다. 특히 교사에게는 다른 아이들과 비교하면서 자신의 아이가 부당한 비하를 당하고 있다고, 순위가 내려갔다고 따진다. 무언가 음모가 있다고까지 여긴다.

순위 매기기와 관계 맺기[32]

정치 심리학자 리안 아이슬러Riane Eisler와 데이비드 로이David Loye는 사람들이 인간관계를 맺는 경향은 순위 매기기와 관계 맺기 두 가지로 대변할 수 있다고 주장했다. 이들은 이 두 패러다임을 권력(순위 매기기)과 사랑(관계 맺기)이라고 보기도 했다. 그러면서 우리가 순위 매기기를 전혀 하지 않고 살 수는 없지만, 모든 관계를 순위 매기기의 관점에서 접근하면 자괴감에서 헤어나기 어렵다고 했다.

또한 순위 매기기 관점이 압도적으로 작용하는 사람들은 다음과 같은 방어 기제를 사용한다고 했다.

❶ 외부 요인 탓하기

❷ 과도하게 성취하기

❸ 부풀리기

❹ 투사하기

❺ 경쟁에서 빠지기

❻ 최소화하기

이는 순위 매기기의 관점에서 접근하는, 즉 권력 서열의 관점에서 접근하는 괴물 부모들의 방어 기제와 연관이 아주 많다.

또한 이들 학자는 순위 매기기의 관점에 압도적으로 지배당하는 사람은 자신에 대한 평가에 예민해지고, 자기 비하나 또는 타인이 자신을 평가 절하할 것에 대한 우려를 가지고 관계에 접근한다고 보았다. 이 역시 괴물 부모와 깊은 유사성이 있다. 아이들의 활동은 물론 학생들을 대하는 교사의 태도를 순위 매기기의 관점에서 보면 학교에서 일어나는 모든 일에 피해 의식이 커진다.

수평적 관점에서 관계를 연대의 확장으로 여기면 사람은 평화롭고 충만한 느낌을 갖게 된다. 하지만 수직적 관점에서 관계를 위계의 서열로 느끼면 사람은 위축되고 두려움을 갖게 된다.

순위 매기기 차원에서 사람을 만나면 편안해지는 것이 아니라 불편해진다. 이 사실은 우리에게 많은 것을 알려 준다.

예컨대 그 사람을 만나면 편하다. 그렇다면 관계 맺기가 이루어지고 있는 것이다. 그 사람을 만나면 불편하다. 그렇다면 순위 매기기의 관계가 진행되고 있는 것이다. 상대방과 마음속으로 비교하고 있다든지, 그래서 상대방보다 열등하면 어떻게 하나 걱정한다든지, 상대방과의 관계에서 숨겨진 수치심을 자극받는다든지 하는 경험이 진행되고 있는 것이다.

괴물 부모들은 그런 느낌에 아주 민감하다. 교사를 만났는데 교사가 불편하게 느껴지면, 혹은 교사가 자신을 불편하게 느끼는 것으로 파악되면 순식간에 비교, 평가, 순위 매기기, 마지막으로 책임 전가의 회로가 돌아간다.

이렇게 된 게 누구 책임인데?
우리 아이가 누구 때문에 이런 일을 겪는데?

순위 매기기 관계의 끝에는 책임 전가가 있다. 순위가 밀린 것에 대해 누군가 책임을 져야 한다. 그래서 누군가에게 불안과 분노를 투사하고 누군가를 탓한다. 피해 의식을 갖게 되고 억울함과 더불어 수치심을 숨기기 위해 본격적으로 공격을 하게 된다.

괴물 부모는 내 아이가 성적이 낮게 나온 것이 선생 탓이라는 생각을 서슴없이 할 수 있다. 이들 부모가 가장 두려워하는 것은 자녀에 대한 책임을 진심으로 부모 자신이 지는 것이다. 이것이 아주 중요한 역설이다. 자녀를 과잉보호하고 자녀에 대한 과도한 애정을 호소하지만, 속마음으로는 비난받을까 봐, 자신의 양육과 훈육에 대한 신뢰가 깨질까 봐 두려워한다. 자녀의 미래를 긍정적이고 낙관적으로 확신할 수 없어 불안해하면서, 불완전한 자신의 책임을 사람들이 알까 봐 두려워한다.

또한 착각 때문에 책임 전가가 일어나기도 한다. 괴물 부모들은 자기 자녀에 관해 본질적으로 잘 알지 못한다. 그래서 자녀의 순위를 잘못 파악할 때가 많다. 자신이 생각하는 자녀의 위치와 현실의 위치에 차이가 있을 때, 이들 부모는 그 차이를 자신이 미처 파악하지 못한 탓이라 생각하지 못한다. 그보다는 자녀가 있을 자리는 분명 저기인데 무언가 잘못되어 다른 위치에 있다고 주장한다. 그리고 그 책임 역시 다른 누군가에게 있다고 생각한다. 설령 책임의 일부만 외부에 있다 할지라도 자신에게는 일절 책임이 없음을 확인받고 싶어 한다. 그렇기에 이들은 뒤집어씌우기와 희생양 만들기, 책임 떠넘기기의 명수이다.

자신이 상처받는 것, 자신이 완벽하지 않은 부모라는 사실을 인정하는 것, 자신의 자기애에 흠집이 가는 것을 견디지 못하는 괴물 부모는 순위에 집착하면서도 객관적 순위를 수용하지 못한다.

괴물 부모는 언제나 자신에게는 정당성이 있고 위대한 이유가 있다고 믿는다. 그래서 자신에게서는 책임을 찾을 수가 없다. 결국 책임은 타인에서 찾아야 한다.

그런 의미에서 괴물 부모는 진심 어린 사과를 하기도 어렵다. 자신은 잘못한 것이 없기 때문이다. 상황상 사과를 해야 할 때도 그들은 자신들이 잘 몰라서 당하거나 억울한 것에 관해 이야기할 뿐 실제로 잘못한 것에 대해서는 인식이 불투명하다. 그러므로 괴물 부모와의 관계에서 잘못은 학교와 교사에 있을 수밖에 없다. 괴물 부모는 자신에게 상처를 줄 수 없는, 경직되고 두터운 방어막을 갖고 있는 사람들이다.

3부

괴물 부모 현상의
사회적 해결을 위한 제언

1

제언에 앞서: 괴물 부모의 탄생 과정

우리나라의 괴물 부모화 과정과 일본, 홍콩에서 이미 나타난 괴물 부모 현상은 일부 차이가 있지만 거의 유사하다. 한 가지 사회적 기제가 여러 아시아 지역에서 비슷하게 나타나는 것 아닌가 생각하게 된다. 비슷한 사회 분위기가 있기 때문일 것이다.

높은 교육비와 주거비, 가부장적 문화의 더딘 변화라는 현상은 특히 동아시아 5개 지역, 우리나라, 일본, 홍콩, 대만, 싱가포르에서 유사해서 이들 지역은 모두 그로 인한 심각한 저출생 위기 앞에 놓여 있다.[33]

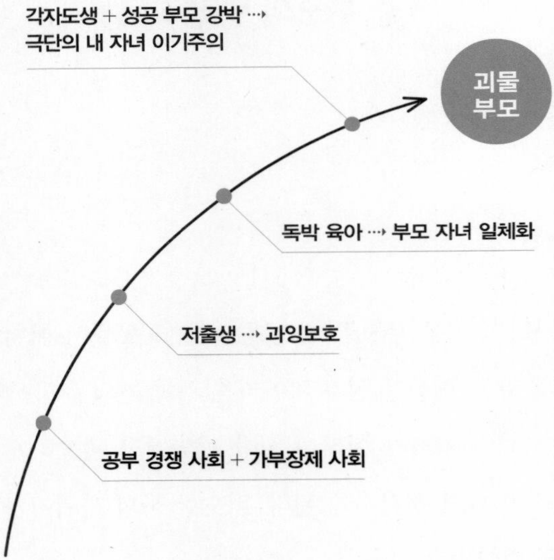
각자도생 + 성공 부모 강박 ···›
극단의 내 자녀 이기주의
괴물
부모
독박 육아 ···› 부모 자녀 일체화
저출생 ···› 과잉보호
공부 경쟁 사회 + 가부장제 사회

괴물 부모의 탄생 과정

또한 신자유주의 이데올로기 즉 개인의 성공에 매달리는 각박한 경쟁 분위기가 사회 저변에 퍼져 있는데, 이때 경쟁의 도구는 공부이다. 우리나라를 포함하여 이들 아시아 지역에서는 임신해서 태교를 할 때부터 엄청난 학력 경쟁이 벌어진다. 그 과정에서 저출생은 필연적인 결과이다.

학력이 자본이 되는 학벌 사회, 즉 공부로 아이들을 통제하고 경쟁시키는 사회가 되면 학교의 의미는 변질된다. 학교는 교육을 위해 있는 곳이 아니라 내 자녀가 경쟁에서 유리한 지위를 획득하기 위해 있는 곳이다. 괴물 부모들은 이제는 학교가 다음과 같은 특징이 있는 곳으로 바뀌었다고 생각하고, 그런 이데올로기가 더욱 실현되도록 압력을 가한다.

❶ 지식 경제 중심의 능력 지향적 공간

❷ 입시에 기반한 서열화 시스템을 강화하는 기관

❸ 기업화, 서비스화한 교육이 이루어지는 공간

❹ 성공에 집착하는 경쟁적 분위기가 있는 곳

신자유주의 경제 기반 아래에서는 부부가 모두 나와서 일해도 집값과 교육비를 감당하기 어려운데, 가족 내 부부의 문화는 여전히 가부장적이다. 아버지가 분담하는 집안일과 돌봄 노동은 여전히 미미하고, 어머니에게 떠밀어진 부담은 거의 줄지 않았다.

공동체 붕괴와 지역 사회 해체는 가속적으로 진행되지만 어머니와 자녀의 고생은 이전에 비해 나아진 것이 별로 없으며 그 과정에서 어머니와 자녀의 일체화 현상, 공동 의존은 강화된다.

이런 각박한 사회 분위기를 완화할 수 있는 여러 제도나 지원이 추가되어야 하나, 오히려 이를 막는 더욱 강력한 신자유주의 이데올로기가 사회적으로 안착되고 있는 것이 현실이다. 그러다 보니 그중 일부 부모나 가족은 각자도생의 윤리, 즉 반反공동체 윤리 속에서 오직 자기 자녀의 성공, 가족적 카르텔의 성공에만 집착하게 된다. 이것이 학교에서 나타나는 형태가 바로 극단의 '내 자녀 지상주의' '내 자녀 이즘'이라고 표현되는 행동들이다. 괴물 부모는 자신은 순수하다고 말하지만 이들이 좇는 이데올로기는 경쟁, 성공,

공정, 능력주의 등이다.

시대의 극단을 균형 없이 절박하게 쫓아가면서 도태의 불안에 휩싸인, 사유하지 않는 부모들은 결국 '내 자녀 지상주의'를 넘어서지 못하는 비극적 상황에 놓이고 말았다.

2020년대를 살아가는 초등학생 학부모의 특성[34]

학부모들도 '학부모 사회'를 이루고 지낸다. 학부모들도 시대의 영향을 받으며, 그들의 행동에는 시대의 영향이 스며들어 있다. 지금 2020년대를 살아가는 초등학생 학부모와 그들이 만드는 학부모 사회는 어떤 특성을 지녔을까? 최근 일어나는 학교 안팎의 변화를 이해하기 위해 몇몇 학자와 연구자가 이들 학부모를 연구하여 책과 보고서를 냈다.

1980년대생 초등학생 학부모의 특성

경기도교육연구원에서는 2020년에 「1980년대생 초등학교 학부모의 특성」이라는 보고서를 발간했다. 이 보고서에 따르면, 1980년대생들은 개인과 조직을 '거래적 계약'으로 보고, 디지털 문화에 익숙하여 그것을 통해 정보를 소통하고 공유하기를 좋아하며, 개인주의 성향이 강한 한편 상호 협력 욕구도 강하다는 등의 특징이 있다.

이들이 학부모가 되자 갖게 된 특성은 다음과 같다.

❶ 학교의 주된 역할을 학습 지도보다 인성 지도와 공동체 생활 경험 제공, 창의력 신장으로 본다.
❷ 자녀가 학교 폭력에 연루되는 것을 가장 두려워한다.
❸ 교사와 전화, '카톡', 문자 메시지, 앱 등을 통해 부담감 없이 소통한다.
❹ 자녀의 학교생활에 대한 관심은 매우 크지만 학교의 공식 학부모 프로그램에 참여하기는 꺼린다.

전직 초등학교 교사 이은경의 분석

전직 초등학교 교사이자 유튜버인 이은경의 분석 또한 흥미롭다. 이은경은 저서 『80년대생 학부모, 당신은 누구십니까』에서 80년대생 학부모의 달라진 특징을 여럿 제시했다. 그중 중요한 부분은 다음과 같다.

❶ 80년대생 학부모는 자기 자녀가 어디에서든, 무엇을 하든 존중받았으면 하는 바람을 갖고 있다. 이들은 사실 이런 존중을 받으며 자란 세대는 아니다. 그러나 이런 존중의 중요성을 사회적 흐름을 통해, 방송에서 제시하는 양육법 등을 통해 습득했다.
❷ 이들은 무상 보육 첫 세대로서, 돌봄부터 교육까지 모든 서비스를 제공하는 어린이집과 유치원 체제에 익숙하다.

소비자 마인드 또한 크다.

❸ 이들은 '학교 폭력 학교생활기록부 기재'라는, 자녀의 미래에 막대한 영향을 주는 조치 때문에 자녀의 학교 내 갈등에 아주 예민하다.

❹ 이들은 코로나19 때문에 생긴 아이의 교육 기회 박탈, 사회성 상실에 예민하며 아이의 학습에 조바심을 내고 있다. 이것이 학생 및 학부모와 교사 사이의 갈등을 증폭시킨다.

❺ 이들의 상당수가 맞벌이 가정을 이루어 돌봄의 어려움, 괴로움이 커졌다. 또한 학교에 대한 요구가 다양해졌고, 교사들의 수업에 대한 기대도 커졌다.

❻ 이들은 바쁜 생활, 개인주의적 패턴 때문에 공적 조직과 함께 학부모로서 영향을 미치기보다 자기 자녀에 대한 개별적 요구를 가지고, 주로 담임 선생님을 상대하는 특성을 보인다. 과거에는 학부모회나 학교운영위원회 등의 학교 내 조직에 압력을 가하여 변화를 주장했지만 최근에는 이런 조직에 참여하는 이가 많지 않다.

달라진 세대, 달라진 경험[35]

1988년 서울 올림픽과 함께 태어난 30대 학부모가 나에게 이런 말을 한 적 있다.

“지금의 30대 중후반 학부모들은 국민에게 국가 부도의 충격을 안겨 준 IMF 위기 때 초등학생 시기 혹은 청소년기를 보냈다. 그로부터 10년 뒤 대학을 졸업하고 사회에 나갈 무렵, 혹은 군대 갔다 와서 복학할 즈음에 다시 금융 위기를 통해 부모의 몰락을 보았다. 우리는 이런 불안의 세대다. 부모들이 살았던 시대와 우리가 살았던 시대는 다르다.”

이런 변화 속에서 가장 영향을 많이 끼친 사조는 신자유주의이다. 학생 운동으로 상징되는 이전 민주화 세대와 달리 이 세대는 훨씬 많은 사람이 대학 진학을 했지만, 그때 대학은 이미 취업 사관 학교 같은 분위기로 바뀐 뒤였다. 이들은 학점 관리를 해서 좋은 기업에 취업해야 한다는 생각으로 대학을 다닌, 대학에서도 끝없이 경쟁해야 했던 첫 세대이다. 이들은 학점이 좋지 않아도 학벌만 좋으면 좋은 기업에 취업할 수 있었던 과거 부모들의 시대가 끝났음을 확실히 깨달았다. 또한 IMF 위기나 금융 위기가 닥쳐도, 우리 사회의 공동체나 복지는 별로 진전되지 않는 것을 보며 각자도생이 살길임을 깨달았다.

부모 세대는 사회와 역사를 챙기지 못한 부채 의식을 갖고 있었지만, 이들은 사회도 역사도 자신을 챙겨 주지 않는다는 피해 의식을 기본으로 갖고 있다. 여기에 소비자로서의 의식, 끝없는 경쟁에 따른 소진, 위선과 부패에 예민한 공정 의식이 이들을 설명하는 주요 키워드이다.

더불어 이들은 결혼 후 맞벌이를 해도 자녀 하나를 키우기 힘든 사회로 진입하면서 부모로서 저출생, 초경쟁의 사회를 체험하기 시작한 세대이다. 이들은 자녀 양육에 엄청난 부담을 느끼는데, '독박 육아'라는 말이 나온 지 10여 년이 되도록 공동체적 양육 지원, 육아 분담에 대한 사회적 지원이 부족한 것에 분노나 피해 의식도 상당하다. 여성의 대학 진학률, 사회 참여율 등은 갈수록 높아지는 데 반해 경력 단절, 돌봄에 대한 지원은 전혀 만족스럽지 못한 현실이 이들에게 더 큰 사회적 불신과 분노를 쌓게 했다.

이 과정에서, 앞서 이은경의 말처럼 학부모 조직, 학부모 운동과 같은 공동체적, 조직적으로 문제에 접근하는 방식은 쇠퇴했다. 80년대생 학부모들은 학교에서 문제가 생기면 개인적으로, 혹은 특정한 권익에 따라 소규모로 집단화되어 개별적으로 해결하는 방향으로 기울었다.

그간의 사회적 흐름 속에서 건강한 교사와 건강한 학부모의 사회적 연대의 기회는 단절되어 왔다. 모두가 각자의 이익을 위해 분투하면서 우리는 변화를 원하는 각 집단 사이에서 협상하고 협력하고 조정하는 일에 성공하지 못하고 있다.

또한 학부모들의 변화를 이해하고 그에 대응하며 학부모와 교사의 협력 방안을 찾는 교육, 즉 '학부모학'은 교원 양성 과정에 제대로 도입되지 않았다. 그로 인해 신규 교사들은 학부모

만남, 응대 및 학부모와의 갈등 조정에 어려움을 느끼며 큰 상처를 받는 일이 자주 발생하게 되었다.

2

사회의 괴물화 및 그 과정에서 잃어버린 것들

괴물 부모를 보는 시각을 조금 확대하여 사회적 관점에서 보면 우리 사회에 만연한 '갑질', 괴롭힘이 이제 학교에도 전염되어 교사가 그 대상이 되었음을 알 수 있다.

'갑질'과 괴롭힘은 이미 우리 삶 여기저기에서 문제 제기되어 왔다. 괴물 상사, 괴물 사장 이야기는 즐비하다. 수년 전 일어났던 '땅콩 회항' 사건은 봉건 시대도 아닌데 특권의식을 갖고 다른 이들에게 군림하며 행패를 부리는 괴물 경영인의 민낯을 보여 주었다.

콜 센터는 어떠한가? 대면하지 않는 상황 자체가 사람들의 '억제 코드'를 풀어 콜 센터는 감정의 배설 창구가 되곤 한다. 악성 민원인으로 분류된 사람들 때문에 최근 공무원과 공무원 관련 직종의 인기도 줄어들기 시작했다. 사회 복지 전담 공무원은 이런 민원에 시달리느라 자살률이 높은 집단이 되었고, 국세청 역시 악성 민원에 흔들리는 기관이 되었다.

그 '갑질'과 '괴롭힘 바이러스'가 최근에는 병원에도 퍼지고 있다. 괴물 환자, 괴물 보호자 현상으로 소아청소년과 폐업이 연쇄적으로 일어나고 있다는 뉴스가 나온 적이 있다. 의대생들이 소아청소년과를 지망하지 않는 이유 중 중대한 것이 바로 괴물화된 환자와 괴물화된 보호자 때문이라고 한다. 실제로 한 소아청소년과 원장은 폐업 이유를 악성 민원 때문이라고 직접 밝혀서 인터넷에서 크게 화제가 되었다. 아래는 당시 원장이 써 붙인 안내문의 일부이다.[36]

"꽃 같은 아이들과 함께 소아청소년과 의사로 살아온 지난 20여 년, 제겐 행운이자 기쁨이었습니다. 하지만 ○○○ 보호자의 악성 허위 민원으로 인해 2023년 8월 5일자로 폐과

함을 알립니다. (……)

향후 보호자가 아닌 아픈 환자 진료에 더욱 성의정심, 제 진심을 다하기 위해 소아청소년과의원은 폐과하고 만성 통증과 내과 관련 질환을 치료하는 의사로 살아가겠습니다."

'갑질'의 확산은 곧 '사회의 괴물화'라 할 수 있다. 여기에는 몇 가지 특징이 있다.

괴물화의 특징 ❶ 특권 의식: 돈과 권력이면 다 된다는 생각의 확산

우리 사회가 돈과 권력이면 다 이룰 수 있다고 생각하는 사회로 퇴행하고 있다. 우리는 독재를 포함한 권력의 만행에는 비교적 대처를 잘해 왔지만, 돈의 만행에 대해서는 효과적으로 대비하지 못했다. 돈은 교묘한 방식으로 우리를 더욱 비참하게 만든다.

현재 돈과 권력의 위력은 더욱 막강해지고 있고, 상층에 있는 지식인들도 그 앞에서 맥을 추지 못하고 있다. 그래서 돈과 권력의 경쟁에서 낙오해 루저(패자)가 되고 다시 기회를 얻을 수 없는 삶의 자리로 가는 것에 대한 공포는 갈수록 커지고 있다.

사회 곳곳에서 가진 자들은 돈과 권력을 바탕으로 '갑질'을 하고 시민들은 피해 의식에 시달린다. 정치인 자녀, 재벌 자녀, '셀럽' 자녀처럼 돈과 권력이 세습되기까지 한다. 여기에서 오는 시민들의 분노는 높지만, 시민들은 그 계층 이동의 사다리 위쪽으로 오르려고만 할 뿐 새로운 사다리를 기획할 힘도 자원도 부족하다.

괴물화의 특징 ❷ 성공 제일주의:
수단과 방법을 가리지 않는 성공 추구와 성공의 도덕 기준화

신자유주의의 출현을 기반으로 경쟁이 과도해지고 공동체주의가 해체되고 공생의 도덕과 윤리를 상실하는 데에는 새로운 도덕관이 등장한 것이 한몫을 했다. 바로 '성공'이라는 도덕 기준이다. 경쟁에 기초한 능력주의, 개인주의, 각자도생이 원리인 사회에서 훌륭한 사람은 성공한 사람이다. 부모들은 괴물이 되어서라도 자식을 성공시켜야 한다는 강박에 시달린다. 그렇게 1등만 알아준 결과가 지금 도처에서 병폐로 나타나고 있다. 1등만 하려는 사람들의 경쟁은 더 뜨겁고 힘들어졌고, 한 번 1등을 해도 또 다른 경쟁이 기다리고 있다 보니 경쟁에 참여하는 사람들은 갈수록 무기력해진다. 각박한 사회에서 경쟁에 대한 두려움이 커진 것이 일본에서 은둔형 외톨이가 생겨난 원인 중 하나라고 분석하기도 한다. 성공에 대한 과도한 집착은 우리를 괴물화한다.

유치원에서 학교, 회사까지 도달하는 내내 끊임없이 경쟁을 해야 한다. 이 과정에서 생겨나는 수많은 패자가 분노와 피해 의식에 시달리며 책임을 전가할 희생양을 찾아 맴돌고 있다.

괴물화의 특징 ❸ 후안무치와 염치의 상실: 창피는 순간이며 이익은 영원하다는 생각

괴물화된 이들은 타인에게 폐를 끼쳐 부끄러움을 느껴야 할 상황에서조차 이익이 눈앞에 있다면, 혹은 가족의 일이라면 수치심을 느끼지 않고 염치를 버리고 직진한다. 온갖 회피와 부정, 거짓말로 상황을 호도하며 문제가 생기면 잠

깐의 변명과 투사, 책임 전가를 통해 이익을 보전한다. 그리고 이 모든 것이 자녀 때문, 가족 때문이라고 한다. 자녀 때문에, 가족 때문에 그렇게 하는 것이라는 신념이 죄책감을 상쇄해 버린다.

그리고 타인들의 예를 꺼내 자신과 비교한 뒤 더 나쁜 사람에 비하면 자신은 덜 나쁜 사람이라고 말한다. 그들이 말하는 더 나쁜 사람들 중 최고로 나쁜 사람은 자신도 돈과 권력을 탐내면서 겉으로는 도덕적인 척 구는 사람들, 위선적인 사람이다.

신자유주의적 능력주의는 보편적 이기주의라는 애초의 출발점으로 돌아온다. 자기 이익만 생각하는 사람이 늘어나면서 모두가 자신처럼 이익을 위해 도덕을 어길 것이라고 생각하고, 도덕을 어기는 현상에 환호를 보낸다. "한 번 사는 인생 뭐 어때?" "하나밖에 없는 자식인데 뭐 어때?"라고 변명하는 것에 창피나 수치심이 없다.

괴물화의 특징 ❹ 정의의 상실: 만인을 향한 만인의 투쟁. 하지만 사실상 투쟁은 피해자들 사이에서 이루어진다

사회 전체의 괴물화는 결국 사회를 만인을 향한 만인의 투쟁이 일어나는 각축장으로 만든다. 사회적 회합이 줄어들고, 공동체가 사라지고, 사회의 대다수를 이루는 패자들은 경쟁 과정에서 자신에게 상처를 준 또 다른 패자들을 향해 복수를 한다. 괴물 부모 일부는 이 부류에 속하며, 그들은 아주 지독하게 괴물화되어 있기도 하다. 공동체 윤리와 학교 교육의 권위가 상실된 상태에서 포기-실패-자해의 정서 속에서 지내는, 자신을 '루저'로 인식하는 청소년, 청년, 부모가 늘어난 것과 무관하지 않다.

사회에서 작동하던 정치, 철학, 예술, 종교 등의 요소는 인간의 경쟁과 투쟁에 거의 영향을 미치지 못하게 되고 오직 경제만이 광기에 찬 영향을 미친다. 그 속에서 "우리 사회는 역사상 가장 잘살고 있는 것으로 수치는 나오지만 '나'는 상대적 박탈감에 시달리며 기분이 좋지 않다."[37] 라는 것을 느낀다. 너무나 많은 시민이 무기력, 우울, 트라우마,

피해 의식을 겪고 있다. 극소수의 승자를 제외하고는 모두가 피해자가 된 사회, 울분으로 가득 찬 사회가 되었다.

이들의 울분과 공격은 지배자 혹은 지배 시스템에 영향을 미치지 못하고, 안타깝게도 자신과 함께 지내는, 자신보다 더 약한 자를 향한다. 정작 자신들을 경쟁시키는 시스템에 대한 저항은 효과적으로 분쇄되고, 함께 경쟁했던 사람들에게 분을 푸는 것이다.

자신보다 약한 사람에게 분풀이하는 악성 민원 및 '묻지마' 범죄와 함께, 자살과 과로사 등으로 스스로를 공격하는 사람들이 늘어나고 있다. 이런 사회에서 정의는 거론되기는 하나 거처할 곳은 없다.

괴물화 과정에서 상실한 것들과 되찾아야 할 것들

괴물 부모화는 학업에 기반한 초경쟁 사회에서 살아남기 위해 채택한 가장 부정적인 방식이다. 그 과정에서 공동체성과 시민성이 상실된다.

벨기에의 정신과 의사 파울 페르하에허는 저서 『우리는 어떻게 괴물이 되어가는가』에서 괴물화 과정에서 상실한 것 네 가지를 제시한다.[38] 그 네 가지를 재정리하면 다음과 같다.

첫째 괴물화 과정에서 냉소주의를 얻었고, 진심을 잃었다. 공동체 없는 자유와 경쟁이 준 것은 공동체에 대한 냉소였다. 공동체는 이익 카르텔로만 비쳤다. 우리는 이기주의도 우리의 본성이지만 이타주의도 우리의 중요한 본성임을 재인식하고 공동체를 회복하는 과정으로 다시 진입해야 한다. 진심과 공동체를 되찾아야 한다.

둘째, 소비자에서 시민으로 함께 성장해야 한다. 한 사회가 생존하려면 개인과 집단이 함께 성장해야 하고 자율과 연대가 동시에 존중되어야 한다. 소비자이지만 동시에 시민으로서 모두에게 좋은 것을 찾고 지지하는 의식의 확장이 있어야 한다. 모두가 각자의 권리를 주장하는 소비자성에서, 모두의 권리를 존중하기 위해 연대하는 시민성을 되찾아야 한다.

셋째, 경쟁 앞에서 잃어버린 가치를 되찾고 복원해야 한다. 사랑보다 이익, 존중보다 돈, 공동체보다 내 가족만 챙기는 것이 능력주의의 결과여서는 안 된다. 내 아이만 잘되게 하려고 하면 내 아이가 잘되는 결과를 얻기가 오히려 불가능하다. 협력, 소통, 공감의 가치를 믿고 사회를 새롭게 만들고자 애쓰는 많은 이와 함께해야 한다.

넷째, 자신을 위해 남을 희생시켜야 하는 체제는 왜곡된 체제다. 자신을 위하려면 남을 위해야 한다. 우리는 정체성을 자급자족할 수 없다. 우리의 정체성은 타인으로부터 오고 공동체로부터 형성된다. 진정으로 자신을 위하는 것은 타인을 위하는 것과 공존한다.

3

사회적 해결을 위한
몇 가지 제언

우리는 이제 괴물 부모에 대한 사회적 고발의 입구에 서 있다. 최근 서이초 사건과 맞물려 여러 이슈가 등장한 만큼 후속적인 현장 실천 방안과 함께 다양한 연구 주제 혹은 사회 고발 이슈가 제기되고 해결을 위한 다양한 시도가 이루어질 것을 기대한다.

이 책에서의 제언은 과거 일본의 경험에서 얻은 것 일부와 우리에게 필요한 몇 가지 수준에 국한된다. 그래서 미흡할 수밖에 없다. 이에 먼저 양해를 구한다.

추후 많은 연구와 더불어 여러 관계자가 다양한 대책을

제안하기를 바란다. 그 과정에 이 글이 다소라도 촉발적 요소가 되기를 마음 깊이 바란다.

제언 하나. 괴물 부모에 대한 사회적 고발과 연구가 본격화되어야 한다

교사들의 죽음이 이어지고, 많은 교사가 학교를 떠나고, 불행한 아이들이 교실에서 저지르는 사건 사고가 계속되고 있다. 이를 막고자 한다면 괴물 부모라 할 수 있는 사람들의 행태에 대해 사회적 고발이 실효성 있게 제기되는 것이 일단 가장 중요하다.

안타깝게도 일본도 우리도, 괴물 부모에 대한 본격적인 관심은 죽음으로 인해 촉발되었다.(나 또한 이들의 안타까운 죽음에 애도의 마음을 나누고 사회적인 문제 해결을 지원하고자 이 글을 쓰고 있다.)

일본과 홍콩에서는 교사의 자살, 다수 교사의 퇴직, 학교 현장에서의 학생 지도 문제 등, 학교 공동체 문제에 대한 관심이 높아지고 이를 해결해야 한다는 사회적 여론이 본격적으로 조성되면서, 괴물 부모에 관한 책이 정신과 의사들과 교육학자들 사이에서 여럿 나왔다. 언론과 비판적 지식인들은 괴물 부모의 폐단과 사회적 악영향을 문제 제기했다. 방송국에서는 이를 주제로 한 TV 프로그램을 특집으로 편성하고, 사례를 모아 방송했다. 특히 일본에서는 드라마도 만들어져 괴물 부모에 대한 인식 제고와 사회적 고발이 다각적으로 이루어지기도 했다.

우리도 이제 관련 사례를 모으고, 방송과 언론에서 이를 적극적으로 다루어 사회적 여론을 조성하고 법과 제도를 새롭게 정비해야 한다. 이 과정에서 학교에서 일어나는 여러 불행한 일 중 괴물 부모와 관련된 일이 알려지고 길을 찾기 바란다.

제언 둘, 새로운 학부모 운동의 출현을 기대한다. 혼자 잘난 척하면서 큰 아이는 절대 잘될 수 없다

일본에서는 괴물 부모라는 사회적 현상을 두고 많은 국민이 충격을 받았다. 학부모들이 자녀 양육법에 대해 각성할 필요가 있다는 사회적 여론이 조성되면서 교사와 학부모 사이에 정기적 만남이 이루어졌고, 그와 더불어 건강한 학부모 그룹을 조성하려는 활동이 늘어났다. 무엇보다 학부모들 사이에 '내 자녀 이기주의'로는 자신의 자녀에게도, 학교의 다른 아이들에게도 도움이 되는 교육 환경이 조성되지 않는다는 인식이 퍼졌다. 특권 문화를 만드는 일부 괴물 부모 혹은 학부모 집단에 대처하는 건강한 학부모의 대응력을 강화하는 방향에 대해서도 많은 논의가 있었다.

우리 사회 역시 이런 움직임이 필요하다. 일차적으로 양육을 담당하고 있는 학부모들 사이에서 문제의식을 크게 느끼고, 이에 대응하는 방법을 모색하는 움직임이 활성화되기를 기대한다. 필요하다면 학교나 교사와 적극적으로 만나면서, 내 아이뿐만 아니라 학교의 모든 아이에게 긍정적인 영향을 줄 수 있는 양육법이 무엇인지, 학부모의 올바른 태도는 무엇인지 고민하고 공유하는 학부모 운동을 기대한다.

제언 셋. 괴물 부모 자녀의 실태 및 괴물 부모의 양육에 의한 사건 사고에 관해 사회적 고발과 연구가 확대되어야 한다

일본에서 1990년대 후반부터 일어난 주요 존속 살해 사건들은 대체로 부모의 가혹한 양육이나 학대와 관련이 있었다. 괴물 부모의 자녀들이 '묻지 마 살인'과 연관되었다는 사회적 분석이 나오기도 했다. 또 괴물 부모의 자녀들이 자해 및 자살하는 사건도 나타났으며, 마약 사범이 되거나 여러 중독에 연관되는 일도 발생했다. 이런 사건은 일본 부모들에게 커다란 충격을 주었다.

일본에서 이루어진 괴물 부모 및 그 자녀에 관한 연구를 보면 참담한 결과가 많다. 우리도 마찬가지이다. 널리 알려진 부모 존속 살해 사건 중 다수는 괴물 부모 현상과 연관되어 있다고 할 수 있다.

괴물 부모들이 가혹해지면 명백한 아동 학대가 만성적으로 지속되는 일이 비일비재하게 일어난다. 아동 학대에 대한 민감한 감수성 유지와 부모 교육이 괴물 부모화를 예방하는 데 기여할 수 있으리라 기대한다.

그러려면 먼저 괴물 부모와 관련된 사회적 참사들을 깊이 연구할 필요가 있다. 심리학자나 의사, 사회학자, 교육학자 등 관련 있는 각계각층 전문가들이 세밀하게 사례들을 살피고, 이를 사회적으로 널리 공유할 필요가 있다. 이 작업이 선행되면 괴물 부모 현상에 대한 사회적 인식도 새롭게 제고되리라 생각한다.

제언 넷. 교육계에서 효과적이고 새로운 대응책을 만들어 활성화해야 한다[39]

괴물 부모 문제가 먼저 이슈화된 일본에서는 앞서 언급한 것처럼 도쿄 교육청이 괴물 부모로부터 학교와 교사를 보호하기 위한 매뉴얼을 제작하고, 괴물 부모의 무례한 행태가 학교에 적용되지 않도록 학교 규칙 및 자치 조례를 제정하는 등의 노력을 했다. 우리 역시 이러한 노력이 필요하다. 괴물 부모의 영향을 직접적으로 받는 교육계에서 교사와 학교를 보호하는 구체적이고 실천적인 대책을 마련해야 한다. 교육부 등의 관계 기관이 학부모를 대대적으로 교육하는 것 역시 중요하다.

일본에서는 학생들이 교사를 신뢰하려면 부모부터 교사를 신뢰하는 것이 중요하다는 점, 또한 학교 안에서 공동체 문화를 만드는 데도 학부모의 협조가 중요하다는 점 등을 강조하는 부모 교육이 이루어졌다. 그리고 학부모와 교사의 건강한 소통 확대를 통해 좋은 교사-학부모, 학교-학부모 관계를 만드는 노력이 시작되었다.

이를 참고하여 우리 실정에 맞는 대응책을 강구하고 학교 현장에 적용될 수 있도록 최선을 다해야 한다. 현재 우리 사회도 괴물 부모에 대한 여러 대책이 정부에 제안된 상태이다. 효과적인 법률과 교사 보호 대책이 만들어지기를 간절히 염원한다.

괴물 부모의 우상으로부터 탈출한 아이들과 그 후유증

부모라는 신도들을 물리치고 자신을 찾으려는 시도를 하는 아이들이 있다. 복잡하고 힘든 과정을 거쳐 부모의 종교로서 사는 삶을 버린 아이들, 괴물 부모가 강요하던 '대리적 삶'에서 뛰쳐나온 아이들이 있다. 그들은 삶에서 가장 큰 상처를 준 사람이 부모라고 말한다. 그리고 숨 막히는 가족의 삶을 고발한다.

이 중 어떤 아이들은 자신은 절대로 결혼하지 않을 것이며 자녀도 갖지 않겠다고 말한다. 괴로움으로 가득 찬 아이들은 부모와의 힘들었던 삶 때문에 자신이 부모라는 신도가 되는 것도 싫고, 자식이라는 대상을 갖고 싶지도 않다고 말한다. 거기에서 더 나아가 모든 강요된 삶으로부터, 누군가의 욕망에 포획되는 삶으로부터 해방되기 위해 아예 사회에 참여하지 않겠다는 이들도 있다.

그래도 이들의 삶은 해방감으로 넘치지 않는다. 부모에 대한 죄책감과 자신에 대한 원망, 부모에 대한 분노와 자신에 대한 미움으로 복잡하고 불편하다.

누구도 감당하지 않는 삶

이들은 부모를 통해 타인이 자신의 삶에 깊이 침투하는 경험을 했다. 그래서 삶의 경계에 관한 고민이 깊다. 자신이 타인에게 욕망을 가질 때 부모로부터 침투한 속성이 발현되는 것을 몇 번 경험하고는 사회적 관계를 맺을 때 두려움이 앞선다고 한다. 타인에 대한 기대, 강요, 압박과 더불어 자신도 수용하고 실천해야 할 타인의 요구와 기대가 모두 불편하고 조절하는 것도 어렵게 느껴진다고 한다.

그래서 우정을 쌓거나 연애를 하는 것은 물론이고 그냥 친밀한 관계를 맺는 것조차 어렵다고 한다. 사람들은 친밀함을 이루지 못한다며 이들을 비난하지만 정작 이들 자신은 누군가와 친밀하지 않은 삶, 누군가를 감당하지 않는 삶이 훨씬 안전하다고 느낀다.

괴물 부모의 사회 심리적 영향:
불행한 아동기와 가족 혐오

괴물 부모로부터 받은 상처의 여파는 개인적 차원을 넘어 사회적으로 확산된다. 친밀한 관계의 종언이 괴물 부모가 자녀들에 미친 심리적 영향이라면, 사회적 고립은 더 큰 차원의 영향이다.

괴물 부모, 혹은 그렇게 불리기는 억울하지만 그와 유사하게 자녀를 부모의 대리 욕망체로 여기거나, 시도 때도 없는 강요나 조종으로 자녀의 삶을 지배하려고 했던 부모의 자식들은 모두 가족을 구성하지 않으려 한다. 혹은 구성할 수 없다고 여긴다. 자녀를 갖고 싶지 않은 마음, 자신과 비슷한 삶을 조금이라도 반복하고 싶지 않은 마음, 가해자와의 동일시를 피할 수 없을 것이라는 두려움 등이 마음의 밑바닥에 깔려 있다.

가족을 구성하지 않으려는 이들이 늘어나는 것은, 사회적으로는 저출생이라고 부르는 거대한 이슈지만, 미시적으로는 '아이 갖기 힘듦' 그리고 '아이 갖기 혐오'의 문제라고 할 수 있다. 아이를 갖는 것이 행복하지도 않고, 아이를 행복하게 해 주는 과정이 어려우며, 아이는 삶의 큰 과제이자 숙제라는 마음을 갖게 된 근저에는 자신의 아이 시절에 행복이 부재했던 경험이 있다. 결국 아이 없는 사회를 만들어 낸 것이야말로 괴물 부모가 미친 지대한 사회적 악영향이다.

괴물 부모도 억울하다

괴물 부모들은 대개 억울함을 호소한다. 문제가 자신들의 탓이 아니라고 한다. 자신들이 한 것은 단지 시대가 요구한, 훌륭한 부모가 되는 과정이었을 뿐이라고 생각한다. 자녀를 소중히 여기고 성공시키기 위한 노력이었다고 한다. 괴물 부모 현상과 연관된 부모들과 진행한 인터뷰를 정리해 보면 이들이 그렇게 행동한 여섯 가지 이유를 찾을 수 있다.

❶ 경쟁 사회에서 아이가 강하게 생존할 수 있도록 돕기 위해서였다.

❷ 육아는 삶에서 집중할 수 있는, 유일하게 의미 있는 일이었기 때문이다.

❸ 훌륭한 부모로서 책임을 다하기 위해서였다.

❹ 아무도 자신과 자녀의 어려움을 도와주지 않았으며 그래서 스스로 강해져야 한다고 생각했다.

❺ 나 자신이 갖지 못했던 것들을 내 아이는 갖게 해 주고 싶어서였다.

❻ 한 번밖에 없는 육아 경험 속에서 아이에게 최고의 선물을 주고 싶어서였다.

괴물 부모화 현상이 확산되는 데는 고학력 사회가 되면서 부모들의 요구도 커지고, 지불 능력도 커지고, 부모 자신의 욕망이 비대해진 영향이 크다. 무엇보다 매서운 사회적 경쟁, 특히 교육에서의 극심한 경쟁으로 '공부 잘하는 아이'를 만들기 위해 출혈성 소모를 많이 하는 사회의 영향도 크다고 할 수 있다.

학벌 사회에 관해 사회적으로 무수한 비판적 담론이 있었지만, 우리는 그 공고한 성을 무너뜨리지 못했고 그 위력은 지금까지 지속되고 있다. 오히려 더욱 강화되어 특정 대학, 특정 직업이 세상을 움직이는 조악한 사회가 될 때도 있다. 심지어 특정 지역의 특정 '부족화' 현상('대치동 엄마' '목동 엄마'처럼 서로 감성을 공유하고 소속감을 느끼는 소집단으로 분화하는 현상)까지 사회 현상으로 연구되고 있지만 이 입시 경쟁의 틀을 깰 힘을 우리는 아직 갖지 못했다. 자식을 좋은 대학에 보낸 부모가 가장 훌륭한 부모처럼 인식되어 '공신(공부의 신) 부모'들이 쓴 책은 언제나 베스트셀러가 된다. 여러 자녀를 모두 명문대에 보낸 부모들은 책 한 권 쓸 것 같은 기세로 발언하는 경우가 많다.

결국 괴물 부모는 돌연변이로서 개별적으로 탄생한 것이 아니다. 이들은 경쟁(격차), 저출생, 학벌, 부모상의 왜곡이라는 퍼즐이 만들어 낸 집단적 탄생의 결과이다.

가정과 사랑이라는 이름의 상처가 남긴 우울

괴물 부모에게 가족은 하나의 시스템이다. 이 시스템에서는 최고의 결과를 만들기 위해 여러 가지가 희생된다. 이 희생 시스템에서 아버지는 자녀의 학비와 가족의 부동산을 감당하는 경제적 축을 이루고, 어머니는 총괄하며, 자녀는 그 실행체가 된다. 이 희생 시스템의 작동에 문제가 생기면 여러 갈등과 투쟁, 병적 관계의 악화와 확장, 상처가 남는다.

그중에서 가장 큰 상처는 가정과 사랑이라는 이름 아래에서 생기는 상처들이다. 기대, 억압, 강요, 경쟁, 지배, 실망, 증오, 원망, 포기, 자해, 자살, 사고, 불행을 모두 가족과 사랑이라는 이름과 짝을 이룬 채로 경험한 아이가 많다. 사랑하기 때문에 기대하고, 사랑하기 때문에 강요하고, 사랑하기 때문에 참고, 사랑하기 때문에 경쟁하고, 사랑하기 때문에 실망하고 사랑하기 때문에 죽어 없어지는 것이 더 낫다는, 좋은 것과 나쁜 것의 뒤섞임은 지속적으로 딜레마를 만든다.

괴물 부모의 사랑을 받은 아이들은 사랑의 정체와 속성을 알 수가 없다고 한다. '사랑이 따뜻하지가 않다. 사랑에 조건이 가득하다. 사랑할수록 죽고 싶어진다. 사랑하지 않았으면 좋겠고 포기했으면 좋겠다. 사랑하면 할수록 할 일이 많아진다. 이런 것이 사랑인가?'라고 반문한다.

그렇게 배운 사랑을 가지고 타인에게 접근하면 타인들은 상처받고 떠난다. 아이들에게는 너는 사랑이 무엇인지 모른다는 비난, 거부, 조건부 사랑, 뇌물에 기초한 무늬만 사랑인 것이 남는다. 이해하기도 어렵고 이해받기도 어려운 마음 상태가 된 아이들은 타인과의 관계에서도 계속해서 딜레마에 빠진다. 딜레마 상황이 만들어지는 과정에서 아이들의 마음은 쪼그라들고, 멍들고, 휘어진다. 불안하고 힘들고 그래서 최종적으로는 붕괴되며 그 결과는 우울이다.

아주 힘든 우울을 달래지 못할 때가 또 문제다. 그럴 때면 아이들은 타인을 괴롭히거나 중독에 빠지거나 혹은 반사회적 행동을 통해 타인과 접촉하려고 노력해 본다. 하지만 어떻게 해도 괴물 부모의 자녀들은 공허함을 달래기 어렵다. 자신의 정체성과 주체성을 내면에서 제대로 세워 보지 못했으면서도 겉으로는 번쩍번쩍하는 외양을 지닌 채 지내오며 만들어진 간극을 메우기란 여간 어렵지 않기 때문이다. 부모를 빼면 허무해지고, 부모를 채워 넣으면 허수아비가 된다. 그런 삶을 적어도 15년에서 20년 혹은 더 이상을 산다. 결혼해서도 부모와의 공생 관계가 지속되는 현상은 최근 더 커지고 있다.

독이 든 사랑이 넘치는 시대

독이 든 사랑 속에서 자라는 아이들이 넘쳐나는, 병든 부모-자녀 관계가 넘쳐나는 시대에 들어왔다. 어린이집, 유치원, 학교, 여러 학원과 어린이·청소년 모임에서 이 독배의 사랑을 나누는 부모들이 사회를 병들게 하고 있다.

저출생, 초경쟁, 초격차, 학벌주의, 부동산 문제가 독배를 마셔야 하는 사랑을 탄생시켰다면, 이 문제를 해결하지 않는 한 우리는 병든 사랑의 관계에 빠져들어 가는 이상한 가족들을 더 많이 만날 것이다. 사회적으로 혐오와 차별은 확대되고, 양극화에 따른 구획화(부자와 빈곤층이 지역적으로 완전히 나뉘어 사는 현상)가 확장되며, 관계에서 얻은 상처로 인한 병적 착취와 학대도 증가할 것이다. 희망을 찾으려면 우리 사회 밖으로 나가야 한다는, 이 땅을 떠나야 한다는 사람이 더 늘어날 것이다.

괴물 부모의 독이 든 자녀 사랑과 그로 인한 주변의 파괴를 막을 수 있는 건강한 사회적 힘이 우리 내부에서 다시 만들어질 수 있을 것인가?

감사와 약속의 이야기

급작스러운 출판 제안을 흔쾌히 수락하고 환영해 주신 우리학교 출판사와 홍소연 편집장, 김선아 편집자에게 감사드린다.

이 책은 개인적으로 수술 후 항암 치료 중에 새로 시도한 첫 번째 책이다. 주변을 무척 걱정하게 만들면서 책상에 매달려 썼다. 물론 이 주제에 대한 관심은 오래전부터 있었고 올 연초에 이 주제로 세미나를 한 바도 있다. 그 덕분에 이 책의 전반부 일부에 관해서는 이미 써 놓은 자료들이 있었다. 그래도 올 8월 초·중순 동안 전반부를 보강하고 후반부를 새로 썼다. 그러다 보니 책의 내용은 죄송스럽게도 부족한 편이다. 독자 여러분께 양해를 구한다.

학교 현장에서 그리고 부모님들 모임에서 우리의 슬픈 자화상 중 일부인 괴물 부모화 과정을 논의하는 데에 조금이나마 도움이 되기를 바라는 마음으로 썼다. 이 책이 괴물 부모가 줄어드는 사회, 괴물화의 진행이 중단되는 사회가 되는 데 기여하기를 바란다.

이 책을 집필하는 동안 운동 시간이 줄어들고 책상에 앉아 있는 시간이 늘면서, 가족과 주변 동료들에게 걱정을 많이 안겼다. 하고 싶은 것만 한다는 비난도 들었다. 죄송한 마음과 자신에 대한 반성, 주변에 대한 미안함을 전한다. 이후부터라도 조금씩 변해 가겠다. 약속한 바대로, 새로운 인간의 기준을 세우고 실천해 보도록 노력하겠다.

故 서이초 교사 49재 추모 집회 추도사

선생님들의 죽음이 헛되지 않길 바랍니다.

안녕하세요. 교육의 전문가이신 선생님들의 열망과 헌신을 강력히 지지하고, 고인이 된 교사들의 죽음에 대한 진상 규명을 바라는 정신과 전문의 김현수입니다.

우리 사회의 여러 다른 전문가들도 지금 학교가 얼마나 위기에 처했는지, 교사들이 얼마나 큰 아픔에 시달리는지 충분히 이해하고 있습니다. 학교와 교사를 위해 많은 변화와 개혁, 지원이 필요하기에, 교사들의 움직임에 앞으로 더 강력한 지지를 보낼 것입니다.

제가 오늘 이 자리에 선 것은 여러분들만 외롭게 변화를 위해 노력하는 것이 결코 아니라, 많은 이의 지지가 함께한다는 것을 알려 드리기 위해서입니다. 현실의 아픔을 피하지 못하고 죽음으로 생을 마감한 서이초 선생님의 49재를 빌려, 여러분과 함께 분노하고 애도하고 우리 시대 교사들의 아픔을 헛되이 하지 않기 위해서입니다.

대한민국의 많은 교사를 죽음으로 몰고 가는 악성 민원, 과다 업무, 학교 폭력 관련 업무, 정서 위기 학생 업무는 반드시 개혁해야 합니다. 더 이상 이를 담임 교사 한 사람의 책임으로 몰아가는 전근대적 조치는 사라져야 합니다. 여러 선생님이 저에게 대한민국에서 교사의 삶이란 수업은 잠시이고 업무가 대부분이라고 말했습니다. 언제가 되어야 교사가 정말로 교육다운 교육을 할 수 있게 만들 것입니까? 언제가 되어야 교사가 교육의 근본적인 요구에 다가설 수 있겠습니까?

사회적 변화로 지금 세계 어느 나라에서나 다양한 위기 학생, 감정 조절이 안 되는 학생이 늘고 있으며, 교사들이 호소하기 전에 이미 그에 대한 대처가 이루어지고 있습니다. 전문 인력 투여, 학급 학생 수 조절, 교사들에 대한 다양한 지원 등 수많은 정책을 적용해 왔습니다. 그런데 우리나라만 여전히 교사 홀로 어떤 지원도 없이 어렵게 교실을 지키고 있습니다.

한 교실 학생 수 정원이 많게는 30명에 육박하는 현실 속에서 힘든 아이가 여럿 교실에 존재하고, 행동이 조절되지 않는 아이가 끊임없이 다른 아이들의 수업 참여를 어렵게 만들고, 그 사이 교사는 민원 전화도 응대하며 행정 업무 결재까지 빠르게 처리해야 하는데, 이런 상황에서 평화로운 수업이 가능하겠습니까? 다른 나라에서는 활동 보조 교사, 협력 교사, 행동 중재 지원 전문가, 학교 상담사, 학교 사회복지사, 전문 상담 교사가 돌봄 체계를 이루어 접근하는 시스템으로도 힘들다고 하는데, 우리는 담임 교사 홀로 이 모든 어려움을 감당케 하고 있습니다. 제 기억으로 특수 교육 및 학교 상담 등의 분야는 해방 이후 지금까지 제대로 지원받은 적이 단 한 번도 없었던 것 같습니다.

제가 상담했던 한 신규 선생님은 이런 상황이 마치 정글에 던져진 기분이라고 했습니다. 아이들에게 뜯기고, 학부모님들에게 뜯기고, 언론에 뜯기고, 때로는 정치에 뜯겨 왔다며 그래서 치료를 받을 수밖에 없다고 하셨습니다. 정신과 전문의로서 상처 입은 교육 전문가에게 외상후스트레스장애, 화병, 우울증, 외상후울분장애 진단을 내려야 하는 것이 무척 괴롭습니다. 이런 진단을 교사들이 더 이상 받지 않기를 바랍니다.

선생님, 더 이상 교사의 능력과 한계를 뛰어넘는 온갖 업무를 혼자 감당하지 마세요. 이는 교육부가, 교육청이, 또 학교에 시스템을 세워야 하는 분들이 나서서 해야 합니다. 그러지 않으면 훌륭하고 책임감이 높은 교사들은 또 자신을 아픔과 슬픔, 죽음으로 몰아갈 수 있습니다. 제발 교사들에게 모든 책임을 전가하는, 교사를 희생양으로 만드는 시스템을 멈추고, 국가의 미래를 위한 교육에 더 많은 지원을 아끼지 말아 주세요.

'예'라고 말하면서 지치고, '아니오'라고 말하면서 힘들어지는 것은 이제 제발 그만했으면 좋겠습니다. 마땅한 이야기에만 '예'라고 말하고, '아니오'라고 하면서 마땅한 요구를 할 수 있었으면 좋겠습니다. 제가 상담했던 선생님의 소원 하나를 그분 허락하에 말씀드리겠습니다.

"나에게 교실에서의 삶은 때로는 얼음장 위를 걷는 것과 같다. 아니면 전쟁터 속 수많은 부상병들 틈의 위생병 같다는 느낌도 받는다. 나의 소원은 하루라도 아무도 안 싸우기, 하루라도 아무런 민원 없기, 하루라도 아무런 공문 없기다."

이런 현실에서도 선생님들은 좋은 교육을 하고 훌륭한 교사가 되려고 저녁 늦게, 새벽에 강의를 듣고 연수를 받습니다. 그렇게 학교에서 버티고 있고, 소진을 감수하고라도 헌신합니다. 선생님들의 노고를 국민들도, 여러 전문가들도, 정치도 외면하지 않기를 바랍니다. 이대로는 안 된다는 인식은 이제 전문가뿐 아니라 많은 학부모님도 하고 있습니다. 저는 늘 깊은 안타까움과 함께 반성도 합니다. 좋은 여건에서 신나게 행복하게 가르칠 수 있는 시스템을 만드는 데, 저 또한 더욱 노력하겠습니다.

국가는 50여 만 교사 중에 30여 만 교사가 모여서 외치는 것을 수용하기 바랍니다. 30여 만 교사의 외침을 수용하지 않으면 도대체 누구의 주장을 듣고 무엇을 정책에 담겠다는 것입니까? 서이초 선생님 추모가 마지막이기를 바랐지만 죽음으로밖에 답을 찾을 수 없었던 호원초, 신목초, 군산, 용인 그리고 또 여러 곳에서 채 밝혀지지 못한 선생님들의 죽음이 알려졌습니다. 너무도 비통합니다.

교사가 학생 곁에 있으려면 사회가 교사를 지지하고 지원해야 가능합니다. 교사들은 병들어 가는데 계속 아이들 옆에 있으라고만 하면 그저 아픈 채로 견디라는 외면이면서 동시에 희생하라는 강요일 따름입니다. 좋은 의사를 양성하지 않고 좋은 치료가 불가능하듯, 교사를 존중하지 않고 불행하게 만들면 훌륭한 교육이 가능하지 않습니다.

49재를 맞이하여 하늘에 계신 서이초 선생님의 영혼이 평화롭기를 다시 기원하고, 가족과 친지분들의 애도에 함께하며, 죽음을 맞이해야 했던 모든 선생님을 기억하기로 약속하며 저의 추모 글을 마무리하려 합니다. 끝으로 지금도 힘들어하시는 선생님들께 말씀드리고 싶습니다.

선생님! 더 이상 죽음을 생각하지 마시고, 홀로 있지 마시길 바랍니다.

혼자 두지 않겠습니다. 함께하겠습니다.

함께해서 꼭 여러분들이 가르치고 싶었던 교실, 아이들이 배우고 싶었던 교실에 다가서도록 하겠습니다. 다시 한 번 여러분을 지지하고 지원한다는 것을 밝히며, 행복한 교사야말로 우리 사회의 희망임을 말하고 싶습니다. 경청해 주셔서 고맙습니다.

2023년 9월 4일

김현수

1) https://educationinjapan.wordpress.com/parenting-potpourri/should-parenting-be-this-hard/ 2023년 8월 검색.

2) https://www.scmp.com/news/hong-kong/health-environment/article/2103663/are-you-monster-parent-experts-say-trend-worsening, 2023년 8월 검색.

3) https://educationinjapan.wordpress.com/parenting-potpourri/monster-parents-and-monster-kids/, 2023년 8월 검색.

4) 가타다 다마미, 『자식을 미치게 만드는 부모들』, 김수정 옮김, 월컴퍼니, 2020, 123~155쪽.

5) 김현수 외 8인, 『학생을 깨우는 교사 세상을 바꾸는 학생』, 별빛책방, 2023, 41쪽.

6) 向山洋一, 『教室ツーウェイ』, 学芸みらい社, 2007년 8월호, 9쪽.

7) https://soranews24.com/2014/04/14/monster-parents-evolve-the-unbelievable-demands-and-complaints-made-by-parents-in-japan/, 2023년 8월 검색.

8) https://www.scmp.com/news/hong-kong/health-environment/article/2103663/are-you-monster-parent-experts-say-trend-worsening, 2023년 8월 검색.

9) 가타다 다마미, 『철부지 사회』, 오근영 옮김, 이마, 2015, 80쪽.

10) https://www.psychologytoday.com/intl/blog/media-spotlight/201608/the-rise-the-monster-parent, 2023년 8월 검색.

11) 최서인 기자, 「이런 멘트 했다면 당신도 진상 부모…… 진단 체크리스트 나왔다」, 『중앙일보』 2023.07.24. https://www.joongang.co.kr/article/25179726#home, 2023년 8월 검색.

12) 김순철 기자, 「학부모 민원에 3년간 129명 담임 교체…… 5명 중 4명은 초등 교사」, 『MBN뉴스』 2023. 9. 5.

13) 민원 스쿨: 학교 교권 침해 교실 붕괴 민원 사례 모음집 https://www.instagram.com/minwon_school/

14) http://www.mylifetime.com.hk/2012/02/21/i-am-not-a-monster-parent/, 2023년 8월 검색.

15) https://namu.wiki/w/%EB%AA%AC%EC%8A%A4%ED%84%B0%20%EB%B6%80%EB%AA%A8, 2023년 8월 검색.

16) 가타다 다마미, 『철부지 사회』, 75~93쪽.

17) https://manabink.com/en/2020/01/06/the-anatomy-of-a-monster-parent-in-japan/, 2023년 8월 검색.

18) http://www.mylifetime.com.hk/2012/02/21/i-am-not-a-monster-parent/, 2023년 8월 검색.

19) https://educationinjapan.wordpress.com/parenting-potpourri/should-parenting-be-this-hard/, 2023년 8월 검색.

20) https://educationinjapan.wordpress.com/parenting-potpourri/should-parenting-be-this-hard/, 2023년 8월 검색.

21) https://educationinjapan.wordpress.com/parenting-potpourri/monster-parents-and-monster-kids/, 2023년 8월 검색한 모로토미 교수 부분을 재정리하고 추가했다.

22) 마이클 아이건, 『독이 든 양분』, 이재훈 옮김, 한국심리치료연구소, 2009, 9쪽.

23) 같은 책, 10쪽.

24) 같은 책, 같은 쪽.

25) 가타다 다마미, 『철부지 사회』, 40쪽.

26) 같은 책, 같은 쪽.

27) https://www.edaily.co.kr/news/read?newsId=01082406635611216&mediaCodeNo=257, 2023년 8월 검색.

28) https://www.rte.ie/lifestyle/living/2019/0916/1076247-digital-dad-are-you-a-curler-parent/, 2023년 8월 검색.

29) 이소베 우시오, 『스타벅스로 간 은둔형 외톨이』, 이성동 옮김, 대숲바람, 2009, 5장.

30) https://m.science.ytn.co.kr/program/view_today.php?s_mcd=0082&key=202304251745219133, 2023년 8월 검색.

31) 알피 콘, 『자녀 교육, 사랑을 이용하지 마라』, 김설아 옮김, 우리가, 2010, 137쪽.

32) 일레인 N. 아론, 『사랑받을 권리』, 고빛샘 옮김, 웅진지식하우스, 2020. 이 소제목하의 내용은 이 책 1~2장의 내용을 참고했다.

33) https://www.newstown.co.kr/news/articleView.html?idxno=536319, 2023년 8월 검색.

34) 변진경 기자, 「학부모는 어쩌다 공공의 적이 되었나」, 『시사인』, 2023. 8. 23. 기사 및 원문을 참조하여 썼다. https://v.daum.net/v/20230823063002494

35) 2018년에 내가 쓴 「학부모와 만나는 교사에게 필요한 것들」(미발간)이라는 연수 자료를 정리한 것이다.

36) 김자아 기자, 「"보호자 악성 민원에 문 닫는다" 어느 소아과의 폐업 안내문」, 『조선일보』, 2023. 7. 7. https://www.chosun.com/national/national_general/2023/07/06/JWJOHCBKOJHYPOKQWJ2NA54XTQ/

37) 파울 페르하에허, 『우리는 어떻게 괴물이 되어가는가』, 장혜경 옮김, 반비, 2015, 123쪽.

38) 같은 책 251~260쪽을 재해석, 재구성했다.

39) http://www.mylifetime.com.hk/2012/02/21/i-am-not-a-monster-parent/, 2023년 8월 검색.